내가 널 쓰고 싶다

내가 널 쓰고 싶다

김남국

규장

오고 오는 세대의
모든 요나에게 고함

시간이 흐를수록 하나님의 뜻을 모르게 되었다. 지금 돌이켜보면 내가 처음 생각하고 기도했던 것은 이루어지지 않았고 한 번도 꿈꾸어보지 않은 전혀 다른 사역을 하고 있는 나의 모습을 보게 된다.

  목회만 생각하고 신학교에 들어갔는데 생각지 못하게 둘로스선교회를 통해서 연합하게 되었고 마커스를 가르치면서 이 시대의 청년들을 품게 하셨다. 이것이 내 사역의 전부일 거라고 생각했는데 어느 날 개그우먼 이성미 집사님을 만나면서 연예인들에게도 성경공부를 인도하게 되었다. 더욱이 설교했던 메시지가 모여 책으로 나오게 되면서 이제는 나의 사역의 방향성마저 알 수 없게 되었다. 내가 계획한 것은 모두 사라지고 어느새 내가 모르는 자리에 서 있다.

  요나서는 이런 시점에서 쓰게 하신 책이다. 계획하지도 않았고 꼭 써야겠다고 생각해보지 않은 책이었다. 규장의 여진구 대표님과 이야기를 나누는 가운데 둘로스 바이블 세미나에서 강의하고 교회에서 설교한 요나서를 기반으로 책이 나오게 된 것이다. 애초에 내

프롤로그

가 계획한 것이 아니기 때문에 오히려 하나님의 뜻일 거라는 마음으로 책을 내게 되었지만, 그럼에도 요나서로 책이 나오게 된 것은, 요나서가 이 시대에 우리가 한 번쯤은 깊이 묵상해보아야 할 성경이기 때문이라고 생각한다.

요나는 참 한결같다. 하나님의 선지자라고 하면서도 한결같이 자기 고집과 주장이 강하다. 그런데 이 요나가 낯설지 않다. 왜일까? 아브라함이나 요셉을 볼 때면 모범생을 보는 것 같아서 나와는 거리가 멀게 느껴지는데 요나는 참 친숙하다.

하나님의 뜻인 줄 알면서도 반대편으로 가는 배짱과 차라리 죽이라고 바다에 빠지는 무모함마저 남의 이야기가 아닌 것 같다. 물속에서 죽게 되었다고 회개하는 모습은 내가 요나라는 착각마저 일으킨다. 순종한다면서 대충하고, 내 마음에 들지 않는 사람들에게 은혜가 있거나 그 사람이 잘되면 억울해하는 모습까지 어쩌면 이렇게 내 모습 같은지….

요나가 나 같아서 십분 공감이 가고 불순종한 요나를 죽이지 않고 끝까지 설득하시며 쓰시는 하나님이 정말 고맙고 고마웠다. 하나님이 요나를 쓰셨다면 누군들 못 쓸까? 아니 우리가 모두 '요나' 이기 때문에 하나님이 요나서를 통해서 말씀하신 것이다. 하나님이 쓰시는 자는 사람의 자격조건이 훌륭한 것이 아니라 하나님의 열심으로 지어져간다는 것을….

고집스런 요나를 끝까지 설득하시는 하나님 아버지의 그 마음을 우리는 간직해야 한다. 하나님이 나를 얼마나 사랑하시는지, 나를 얼마나 쓰기 원하시는지 우리 아버지의 마음을 오고 오는 세대 속의 모든 요나가 알아야 한다.

책을 출판하게 되면서 한 권의 책이 나오기까지 얼마나 많은 분들의 기도와 수고가 있는지 알게 되었다. 나의 든든한 후원자인 주내힘교회 성도들과 둘로스선교회, 마커스 커뮤니티에 고마움을 전한다. 이 책이 나오도록 섬겨주신 여진구 대표님과 자신의 일같이 도와준 주내힘교회의 김지원, 서찬극, 황시온 부교역자들과 조소희

간사에게도 감사함을 전한다. 끝으로 20년간 함께 달려온 아내에게 고마움을 전하며 요나와 같이 고집 센 자를 사용해주신 주님께 모든 영광을 드린다.

2013년 11월 언제나 그 자리에서
김남국 목사 드림

차례

contents

프롤로그

PART 1 불순종했다

chapter 01 어디서 떨어졌는지 생각해봐 13
chapter 02 아무리 잘나가도 하나님을 놓치는 게 죄야 27
chapter 03 앉아서 머리로만 동의하는 건 믿음 아니지 45
chapter 04 자기 자존심 지키려고 하는 죄인 59

PART 2 고난받기 싫었다

chapter 05 바닥을 쳐야 올라올 수 있는 경험 81

chapter 06 사람을 변화시키지 않고는 일하시는 법이 없어 97

chapter 07 하나님의 눈으로 보는 싸움을 해 115

chapter 08 내가 문제라는 걸 잊으면 안 돼 127

PART 3 표적이 되었다

chapter 09 부르신 사명을 놓치면 꽝이지 145

chapter 10 내가 예수 믿는 것이 표적이고말고 163

PART 4 끝내 고집했다

chapter 11 신앙은 아버지의 마음을 놓치지 않는 거야 183

chapter 12 죽어도 아니라고 고집 피울래 203

chapter 13 내가 좋아하는 것을 싫어하는 너희 221

chapter 14 그래도 끝까지 만들어 가시는 하나님의 열심 241

에필로그

주님이 주신 은혜의 깊이를 알 수 있도록 내가 얼마나 큰 죄인인지 보여달라고 구하라. 내가 얼마나 자존심이 살아 있고, 내가 얼마나 못됐고, 내가 얼마나 막말하고 불평하고 나밖에 모르는 이기적인 사람인지, 다른 사람이 아니라 이런 나 자신이 변화되도록, 하나님의 은혜를 더 깊이 체험할 수 있도록 도와달라고 구하는 믿음의 삶을 살기 바란다.

1

불순종했다

요나서 1:1-5

여호와의 말씀이 아밋대의 아들 요나에게 임하니라 이르시되 너는 일어나 저 큰 성읍 니느웨로 가서 그것을 향하여 외치라 그 악독이 내 앞에 상달되었음이니라 하시니라 그러나 요나가 여호와의 얼굴을 피하려고 일어나 다시스로 도망하려 하여 욥바로 내려갔더니 마침 다시스로 가는 배를 만난지라 여호와의 얼굴을 피하여 그들과 함께 다시스로 가려고 배 삯을 주고 배에 올랐더라 여호와께서 큰 바람을 바다 위에 내리시매 바다 가운데에 큰 폭풍이 일어나 배가 거의 깨지게 된지라 사공들이 두려워하여 각각 자기의 신을 부르고 또 배를 가볍게 하려고 그 가운데 물건들을 바다에 던지니라 그러나 요나는 배 밑층에 내려가서 누워 깊이 잠이 든지라

01 chapter
어디서 떨어졌는지 생각해봐

요나? 요나!

우리는 성경을 보면서 요나서에 대해 매우 많이 알고 있다고 생각한다. 요나서가 하나의 재미있는 이야기로 되어 있기 때문이다. 요나서는 분명히 성경에서 매우 중요한 위치에 있다. 그러나 우리는 요나서를 대할 때 다음과 같은 몇 가지 특기 사항부터 접하게 된다.

첫째, 하나님께서는 선지자에게 이스라엘 민족이 아닌 이방 민족의 큰 도시 니느웨에 가서 복음을 전하라고 하신다.

둘째, 요나서는 길고 어렵고 무슨 말을 하는지 모르겠는 다른 선지서와 달리 이야기체로 설명되어 있다.

셋째, 요나서를 읽으면 요나라는 이 선지자가 도대체 어떤 사람인지 의구심을 갖게 된다.

그렇지만 요나는 북이스라엘 영토의 회복을 예언한 놀라운 선지자이다.

> 이스라엘의 하나님 여호와께서 그의 종 가드헤벨 아밋대의 아들 선지자 요나를 통하여 하신 말씀과 같이 여로보암이 이스라엘 영토를 회복하되 하맛 어귀에서부터 아라바 바다까지 하였으니 이는 여호와께서 이스라엘의 고난이 심하여 매인 자도 없고 놓인 자도 없고 이스라엘을 도울 자도 없음을 보셨고 여호와께서 또 이스라엘의 이름을 천하에서 없이 하겠다고도 아니하셨으므로 요아스의 아들 여로보암의 손으로 구원하심이었더라 왕하 14:25-27

북이스라엘의 영토가 회복되고 국력이 강력해진 것은 하나님께서 이스라엘의 고난이 너무 심해 이스라엘을 도울 자가 없고 이스라엘을 없이 하겠다고 하지 않으신 약속을 요나를 통해 이루셨기 때문이다. 요나가 바로 그 하나님의 때를 예언했으며 또 예언한 그대로 이루어졌다.

내가 만일 지금으로부터 10년째 되는 해에 하나님께서 우리나라를 통일시켜주실 것이라고 예언했는데 그 예언이 적중했다고 생각해보라. 앞으로 10년 후에 내가 한국에서 어떤 목사가 되어 있을까? 사람들이 나를 어떻게 바라볼까? 요나가 바로 그런 선지자였다는 것이다.

그런데 정작 요나서에는 이런 요나에 대한 기록이 없다. 요나가 바보 같다. 선지자라는데 정신이 약간 이상한 선지자 같다. 부정적인 요소가 깔려 있다. 그럼 요나서는 왜 이렇게 흘러갔을까? 왜 이스라엘 영토의 회복을 예언한 요나는 없고 뜬금없이 니느웨로 간 요나가 나올까? 이스라엘의 역사 가운데 왜 말도 안 되는 적국(敵國)의 이야기를 가져와 그것을 성경에 기록했을까? 요나서가 왜 예언서일까?

요나서는 대선지서 5권(이사야서, 예레미야서 예레미야애가, 에스겔서, 다니엘서)에 이어지는 소선지서 12권 중 하나다. 각 선지서는 저자인 선지자마다 특징이 있다. 예를 들어서 예레미야 하면 '눈물'의 선지자라고 한다. 에스겔 하면 '환상', 호세아 하면 '사랑', 아모스 하면 '정의' 등.

그런데 요나 하면 가장 먼저 무엇이 떠오르는가? 처음부터 끝까지 불순종하고 불평불만만 늘어놓는 선지자의 모습이다. 이것이 어떻게 예언서인지 납득이 안 간다. 요나서가 왜 예언서에 들어가는가? 우리는 왜 그렇게 요나에 집중하는가? 바로 예수께서 선지자 요나의 표적밖에는 보일 표적이 없다고 친히 말씀하셨기 때문이다.

> 그때에 서기관과 바리새인 중 몇 사람이 말하되 선생님이여 우리에게 표적 보여주시기를 원하나이다 예수께서 대답하여 이르시되

악하고 음란한 세대가 표적을 구하나 선지자 요나의 표적밖에는 보일 표적이 없느니라 요나가 밤낮 사흘 동안 큰 물고기 뱃속에 있었던 것같이 인자도 밤낮 사흘 동안 땅속에 있으리라 마 12:38-40

선지자가 맞나요?

그런데 요나는 마치 조울증 환자 같다.

선지자가 누구인가? 하나님이 하라고 하시면 하는 사람이고 하나님의 말씀을 가지고 어디든지 가는 사람이다. 그런데 요나는 해도 해도 너무한다. 선지자가 하나님이 가라고 하시는데 안 가고 반대로 도망친다. 물고기 뱃속에서 거반 죽게 되니까 회개하고 니느웨로 가서 복음을 전한다. 하지만 그것도 대충 전한다. 그들이 말씀을 듣고 은혜를 받아 회개하고 돌아오기를 바라는 마음이 전혀 없다. 그래서 니느웨 성 밖으로 나가 그 성읍이 망하는지 안 망하는지 지켜본다. 이랬다저랬다 왔다 갔다 하는 그를 도대체 어떤 기준으로 보아야 할까.

그러나 요나는 감정의 기복이 심한 사람이 아니다. 요나는 자기 주관과 견해가 분명한 사람이다. 한 번 아니라고 하면 절대 아닌 것이 요나다. 하나님이 이 요나와 이야기를 나누신다. 하나님의 선지자라는 대표성을 가진 요나에게 하나님께서 친히 하나님 자신의 마음을 설명하신다.

이것을 성경에 기록하셨다는 것은 하나님께서 이 요나를 통해서 모든 세대의 수많은 그리스도인들에게 무언가 말씀하시고 싶은 것이 있다는 것이다. 요나를 객관적으로 보지 말라. 요나에 자기 자신을 대입해보면 사실 우리도 그렇게 산다. 미쳐 날뛰는 것처럼 보이는 요나와 크게 다르지 않다.

1 여호와의 말씀이 아밋대의 아들 요나에게 임하니라 욘 1:1

1절 말씀은 구약에서 선지자를 규정짓는 명백한 표현이다. 선지자란 자기 말을 하는 사람이 아니다. 자기 말을 한다면 그것은 거짓 선지자다. 선지자는 반드시 하나님의 말씀을 받아서 그 말씀을 전해야 한다. 따라서 "여호와께서 말씀하시되…", "여호와께서 이르시되…" 라는 말씀이 반드시 있어야 한다.

요나가 두려운 이유

"여호와의 말씀이 요나에게 임했다"는 것은 요나가 선지자라는 뜻이다. 그는 '아밋대의 아들 요나'다. '요한의 아들 시몬'이 완벽한 이름이듯이, 유대인들은 아버지의 이름까지 넣어 불러야 완벽한 이름이 된다. 아밋대란 히브리어로 "참된", "믿을 만한"이라는 뜻이고 요나는 "비둘기"라는 뜻이다. 그러니까 하나님이 보시기에 참되고 믿을 만한 가문의 요나에게 여호와의 말씀이 임했고 여호와께서 다음과 같이 말씀하셨다.

² 너는 일어나 저 큰 성읍 니느웨로 가서 그것을 향하여 외치라 그 악독이 내 앞에 상달되었음이니라 하시니라 욘 1:2

"그 악독이 내 앞에 상달되었음이니라"라는 것은 히브리적 표현으로 이 표현이 전달하는 뉘앙스는 이런 것이다.

"요나야, 저 큰 성읍 니느웨로 가서 그곳을 향해 외쳐라. 그 악독을 내가 도저히 참을 수 없다. 도저히 참을 수 없다."

그런데 좀처럼 이해할 수 없는 것이 있다. 하나님께서 이스라엘의 선지자 요나에게 이스라엘에 외치라 하신 것이 아니라 이스라엘을 위협하는 나라로 가서 이 말씀을 전하라고 하셨다는 것이다. 왜 니느웨인가? 요나는 이것이 매우 두려운 것이다.

요나는 여로보암 2세가 통치하던 북이스라엘에서 활동했던 선지자로, 그와 동시대에 활동한 선지자로는 호세아와 아모스가 있다. 따라서 호세아와 아모스가 전한 하나님의 말씀을 살펴보면 그 당시 이스라엘의 상태가 어떠했는지 잘 알 수 있다.

이스라엘은 영적으로 음란하고 도덕적으로 타락했다. 그런데 아이러니하게도 여로보암 2세 때 영토가 가장 넓게 회복되었으며 부유하고 강성했다. 이스라엘이 마치 오늘 우리 시대 같지 않은가? 한국은 부유하고 강성해졌다. 그러나 한국 기독교 역사상 지금이 가장 타락했고 가장 욕을 많이 먹고 가장 영향력을 끼치지 못하고 있다. 외형적인 부유함이 하나님이 보시기에 다 좋은 것은 아니다.

요나는 두려웠다. 왜냐하면 강성해진 이스라엘의 외형과 함께 영적인 상태도 잘 알기 때문이다. 결국 북이스라엘은 나중에 앗수르에 의해 멸망당한다.

마침 다시스로 가는 배를 만난 이유

3절에는 요나가 취한 행동이 강조되고 있다.

> 3 그러나 요나가 여호와의 얼굴을 피하려고 일어나 다시스로 도망하려 하여 욥바로 내려갔더니 마침 다시스로 가는 배를 만난지라 여호와의 얼굴을 피하여 그들과 함께 다시스로 가려고 배 삯을 주고 배에 올랐더라 욘 1:3

다시스는 오늘날의 스페인으로 고대 유명한 상업도시였다. 요나가 다시스로 가려고 했다는 것은 '땅끝까지' 도망치기로 결심했다는 뜻이다. 선지자가 기도도 안 해보고 하나님께 묻지도 않고 그냥 튀어버렸다. 하지만 이것은 요나에게 두 번 생각해볼 필요도 없는 명백한 일이었다. 하나님의 말씀을 듣자마자 "하나님, 이건 아닙니다. 이건 안 됩니다. 다른 건 다 순종해도 이건 안 됩니다"라고 분명히 마음먹었기 때문에 하나님께 물을 필요가 없었던 것이다.

요나가 여호와의 얼굴을 피해 다시스로 도망하려고 욥바로 내려갔더니 '마침' 다시스로 가는 배를 만나게 되었다. 이것으로 우리는 하나님도 이 문제를 아셨다는 것을 알 수 있다. 하나님은 요나가 니느웨로 갈 마음이 없으며 지금 당장 설득해도 안 된다는 것을 아시고 마침 다시스로 가는 배를 만나게 하신 것이다.

우리가 인생을 살아가면서 알아야 할 것이 있다. 우리는 세상의 것으로 잘되는 것을 하나님의 뜻이라고 쉽게 말해서는 안 된다. 하나님의 뜻은 환경을 가지고 논하는 것이 아니다. 자신이 하나님을 떠나 있는 동안 마침 하는 일이 잘됐다고, 그것을 하나님의 뜻이라고 쉽게 말하지 말라는 것이다. 그 일마저 안 되면 신앙도 안 자라고 하나님을 원망하다 죽을까 봐 하나님도 그냥 놔두실 때가 있다.

다른 말로 하면 인생이 고달프고 하는 일이 안 되더라도 그것이 저주는 아니라는 것이다. 내가 지금 너무 어렵고 사망의 음침한 골짜기를 다니는 것 같아도 그것이 하나님의 뜻을 이루고 하나님의 영광을 드러낼 수 있는 일일 수도 있다.

신앙은 중심의 문제가 가장 중요하다. 사람은 어디에 중심을 두느냐에 따라 마인드(mind)가 바뀐다. 중심이 틀어지면 다 틀어지는 것이다. 집이 먼가? 교회가 먼가? 집이 중심이면 교회가 먼 것이지만 교회가 중심이면 집이 먼 것이라고 했다. 집이 중심이어도 길은 비뚤고 차가 막힌다. 집과 교회 사이의 거리가 같고 오가느라 걸리는 시간도 같다. 교회가 중심이어도 마찬가지다. 이것은 불변이다.

또 이것은 동일한 사실이자 이유가 된다. 교회가 중심이면 어려워도 교회에 와야 할 이유가 되고, 집이 중심이면 어렵고 힘드니까 교회에 가지 말아야 할 이유가 된다. 어디에 중심을 두느냐에 따라 내가 더 전심으로 해야 할 이유가 되기도 하고, 내가 더 쉽게 포기하게 되는 이유가 되기도 한다. 이것이 마인드다.

지금 요나와 하나님은 마인드 싸움을 하고 있다. 하나님은 우리에게도 똑같이 물으신다. 우리의 마인드가 어느 쪽에 있는지 물으신다.

영적 하강

하나님이 큰 바람을 바다 위에 세게 던지기 시작하시자 배가 거의 깨지게 되었다. 사공들이 두려워하며 각각 자기 신(神)을 부르고 또 배를 가볍게 하려고 물건들을 바다에 던지는 그때, 요나가 한 행동은 무엇인가? 그는 배 밑층에 내려가서 누워 깊이 잠이 들었다.

4 여호와께서 큰 바람을 바다 위에 내리시매 바다 가운데에 큰 폭풍이 일어나 배가 거의 깨지게 된지라 5 사공들이 두려워하여 각각 자

기의 신을 부르고 또 배를 가볍게 하려고 그 가운데 물건들을 바다에 던지니라 그러나 요나는 배 밑층에 내려가서 누워 깊이 잠이 든지라 욘 1:4,5

이런 상황에서 잠을 잘 수 있다고 생각하는가? 배를 타서 뱃멀미를 경험해본 적이 있는가? 더욱이 배에서 풍랑이라도 만난다면 육지에 올라와도 땅멀미를 앓는다고 한다. 배가 아무리 커도 풍랑을 이기지는 못한다. 배가 산산조각이 날 정도로 큰 폭풍이 일었다. 그런데 요나는 거기서 깊이 잠들었다.

도대체 요나는 어떤 성격의 소유자일까? 대개 예민한 사람들이 문제가 있을 때 잠을 못 자고 못 먹는다. 반면 느긋한 성격을 가진 사람들이 잠을 잘 잔다. 이 정도의 풍랑에 잘 수 있다면 요나가 매우 느긋한 성격이라는 느낌이 드는데 그동안 요나의 행동을 보면 그렇지 않다. 이 점이 의아하다. 다시 말하면 이것은 세상적인 잠이 아니다. 하나님 앞에 영적으로 깊이 잠든 요나의 상태를 강조한 표현이다.

3절에 요나가 "여호와의 얼굴을 피하려고" 하자 그 후 어떤 일이 벌어지는지 계속 강조되는 표현이 나온다. 요나가 "여호와의 얼굴을 피하려고 일어나 다시스로 도망하려 하여 욥바로 '내려갔더니'", 또 "여호와의 얼굴을 피하여 그들과 함께 다시스로 가려고 배 삯을 주고 배에 '올랐더라'"고 하는 것이다. 이때 "올랐더라"는 히브리어로 '내렸다'고 나와 있다. 한글성경에는 배에 올라타는 것으로 표현했지만 히브리어성경에는 계속해서 추락해가는 이야기를 한다. 드디어 5절에 "요나는 배 밑층에 내려갔다." 내려간 결과 그는 누워 깊이 잠이 들었다.

 우리는 이 점을 알아야 한다. 하나님은 육적(肉的)인 것을 통해서 우리가 영적(靈的)인 것을 느끼고 알 수 있도록 연결해놓으셨다. 예를 들면 육신의 부모로부터 받은 사랑을 통해 하나님 아버지의 사랑을 알게 하신다. 하지만 내가 아는 어떤 분은 "하나님 아버지"라는 말을 하지 못한다. 왜냐하면 육신의 아버지에게 너무 큰 상처를 받아서 "아버지"라는 말만 나오면 부들부들 떨기 때문이다. 문제는 우리의 육(肉)이 이렇게 불완전하다는 것이다. 사탄은 이것을 알고 육적인 것을 뒤틀어서 우리가 영적인 것을 제대로 알지 못하도록 만들어 가고 있다.

하나님과의 관계의 틀어짐

    신앙이 어디서 내려가는가? 요나가 하나님 앞에서 떨어지는 것은 한순간이었다. 매일 매끼 잘 챙겨먹는 사람이 오늘 한 끼 안 먹었다고 해서 영양실조에 걸렸다고 말하지는 않는다. 건강한 사람이라면 어쩌면 40일 금식기도도 할 수 있을 것이다. 그만큼 우리의 육(肉)은 어느 정도 축적이 가능하다.

그러나 우리의 영적인 생명은 우리 안에 축적되는 것이 아니라 하나님과 직결되어 있다. 에덴동산에서 완전한 생명을 누렸던 아담과 하와도 선악과 사건으로 단번에 에덴동산에서 쫓겨나 생명나무의 열매를 먹지 못하게 된다. 이렇게 영적인 것은 한 방에 추락하고 만다.

지금까지 하나님의 뜻대로 살아온 선지자가 하나님의 반대편에 설 때 어떤 일이 벌어지는가? 급격히 내려가고, 내려가고, 내려가서 영적으로 무감각해지고 잠이 들 수 있다는 것이다. 사탄은 우리가 하나님께 집중하지 못하게 하고 하나님 반대편에 서도록 유도한다. 그것이 사탄의 계략이다. 그것이 선악과 사건이다.

하나님의 반대편에 서는 것, 그 시작은 하나님과의 관계가 틀어지는 것이다. 하나가 틀어지자 틀어지고 틀어져서 원망이 생기는 것, 쌓이고 쌓여서 더 큰 원망이 되는 것을 조심하라.

요나라는 선지자가 미쳤다고 생각하지 말라. 그가 가진 마인드가 하나님과 맞지 않아 딱 한 번 틀어진 순간, 그 틀어짐은 또 다른 틀어짐을 만들고 완전히 틀어지면 아무리 선지자라도 단 며칠 만에 하나님 앞에 깊이 잠든 상태, 영적으로 급격히 추락하는 일이 벌어질 수 있다.

완전하신 나의 주
의의 길로 날 인도하소서

행하신 모든 일 주님의 영광

다 경배합니다

〈완전하신 나의 주〉 중에서

이 찬양의 가사처럼 자신의 삶 가운데 주님이 내게 행하신 모든 일이 완전하다고 고백할 수 있는가? 내가 이해할 수 없는 일들을 행하실 때에도 완전하신 주님이라고 고백할 수 있는가?

설령 지금 자신에게 닥친 일이 이해가 되지 않더라도 우리는 하나님 안에 있어야 한다. 우리는 하나님을 바라보는 싸움을 해야 한다. 이해가 되지 않는 틀어짐을 다시 펼 생각을 해야지 꼬인 채 두면 그다음부터 그것이 악한 영향력을 끼칠 것이다.

오늘의 한국 기독교 역시 어디선가 틀어졌다. 하나님과의 관계가 온전하지 못하다면 하나님과 틀어진 것이다. 우리는 그것이 무엇인지 찾아야 한다. 내가 이해하지 못한 일들 가운데 나를 틀어지게 하는 수많은 일들이 있었을지 모른다. 그것이 자신과 하나님의 관계를 막지 않도록 도와달라고 기도하라.

지금 원망하고 불평하며 소망이 없다고 말한다면 하나님 안에서 자신이 보지 못하고 있는 틀어짐이 무엇인지 찾고 그것을 곧게 해서 나의 모든 상황을 주관하시는 완전하신 하나님 앞에 살기 바란다.

요나서 1:1-7

여호와의 말씀이 아밋대의 아들 요나에게 임하니라 이르시되 너는 일어나 저 큰 성읍 니느웨로 가서 그것을 향하여 외치라 그 악독이 내 앞에 상달되었음이니라 하시니라 그러나 요나가 여호와의 얼굴을 피하려고 일어나 다시스로 도망하려 하여 욥바로 내려갔더니 마침 다시스로 가는 배를 만난지라 여호와의 얼굴을 피하여 그들과 함께 다시스로 가려고 배 삯을 주고 배에 올랐더라 여호와께서 큰 바람을 바다 위에 내리시매 바다 가운데에 큰 폭풍이 일어나 배가 거의 깨지게 된지라 사공들이 두려워하여 각각 자기의 신을 부르고 또 배를 가볍게 하려고 그 가운데 물건들을 바다에 던지니라 그러나 요나는 배 밑층에 내려가서 누워 깊이 잠이 든지라 선장이 그에게 가서 이르되 자는 자여 어찌함이냐 일어나서 네 하나님께 구하라 혹시 하나님이 우리를 생각하사 망하지 아니하게 하시리라 하니라 그들이 서로 이르되 자 우리가 제비를 뽑아 이 재앙이 누구로 말미암아 우리에게 임하였나 알아보자 하고 곧 제비를 뽑으니 제비가 요나에게 뽑힌지라

02 chapter
아무리 잘나가도
하나님을 놓치는 게 죄야

성도의 복

누가 보다라도 착하고 정직하고 성품까지 좋은 그런 사람이 있다. 그런데 가질 것 다 가졌고 누릴 것 다 누리는 사람은 자신이 거짓말할 상황이나 다른 사람의 성질을 긁을 만한 상황에 처하는 적이 별로 없다. 마치 요셉과 같다. 딱 형들에게 인신매매 당하기 전의 요셉과 같다. 요셉이 인신매매 당하지 않고 살았다면 그의 인생은 어땠을까? 아버지 야곱의 사랑을 받으며 채색옷을 입고 자랐을 것이다. 마마보이로 자라났을 것이다.

'그런 요셉이 과연 무엇을 할 수 있었을까?'

나는 이런 생각을 해본 적이 있다. 요셉은 형들에게 인신매매를 당하고 난 뒤 추락하는 것 같은 인생을 경험한다. 그렇다면 과연 성도의 복이 무엇인가? 우리는 신앙생활을 하면서 무엇이 복(福)이고 무엇이 화(禍)인지 모른다. 어떤 것이 죄(罪)인지 모를 때가 있다.

문제가 기회!

보통 문제가 없는 교회가 좋은 줄 아는데 그렇지 않다. 문제가 없는 교회는 서서히 내리막을 달리게 되고 곧이어 더 큰 문제가 발생한다. 왜 더 큰 문제가 생기는지 아는가? 교회는 예수 그리스도를 바라보는 데서 힘이 난다. 교회는 예수 그리스도를 붙잡는 데 그 존재 의미가 있다.

그런데 문제가 없는 교회에서는 어느 날 주님이 사라진다. 우리끼리 좋다. 정말 좋은 인간관계만 있다. 그러면 붙잡을 것이 없다. 기도할 제목이 사라진다. 인본주의(人本主義)가 된다. 우리는 이것을 교회라고 하지 않는다. 이것은 사교 집단에 불과하다.

일부러 문제를 일으키라는 것이 아니다. 문제가 발견되고 문제가 터지면 그때 우리는 기회를 잡아야 한다. 어떤 기회냐 하면 주님을 붙들 수 있는 기회다. 교회가 많아지면 문제가 점점 더 많이 드러날 것이다. 그러면 문제가 없던 옛날이 좋았다는 생각에 잠기는 사람도 있을 것이다. 하지만 그렇지 않다.

문제가 드러난다는 것은 계속해서 우리가 새롭게 될 수 있는 기회가 되기 때문이다. 우리가 계속 주님을 붙들 수 있는 기회다. 주님께 나아갈 수 있는 기회다. 단순하게 문제 그 자체가 중요하다는 것이 아니라 그 문제가 어느 쪽으로 방향성을 정하고 있느냐가 중요하다.

성경이 말하는 죄란 윤리 도덕으로 무엇을 잘못했고 잘했다는 것이 아니다. 죄는 방향성이다. 하나님께 가는 방향성을 가지고 있다면 그것은 죄가 아니다. 그런데 그 방향이 하나님이 아닌 다른 쪽을 향해 있다면 아무리 문제가 없더라도 그것을 죄라고 말하는 것이다.

차를 몰고 고속도로를 달리다보면 순간 헷갈려서 길을 잘못 들 때가 있다. 그러면 미치도록 가야 한다. 중간에 빠져나갈 수가 없다. 지금까지 길을 잘 왔다 하더라도 순간 한 번 방향이 틀어지면 그때부터 완전히 틀어지는 것이다. 신앙생활도 마찬가지다. 지금 이 순간까지는 하나님 앞에서 믿음을 지키고 주님을 잘 따라왔을 수 있다. 그런데 그 방향이 한순간에 바뀔 수도 있다는 것이다.

불행이 찾아오는 순간

혹시 이런 고백을 해본 적이 있는가?

"내가 지금까지 주님을 이만큼이나 붙잡았는데 이 정도밖에 안 되다니…."

그렇다면 굉장히 착각하고 있는 것이다. 사실 그 정도도 안 된다. 그것이 인간이다. 인간은 자기가 내공을 쌓는 게 아니다. 자신 안에 어떤 영적 실력이 쌓이는 것이 아니다. 영성이란 하나님 앞에서 그 사람의 태도와 자세다. 자세가 틀어지면 그때부터 죄가 되고 자세가 꺾이면 그때부터 죄다. 이것이 순식간에 온다.

> ¹ 여호와의 말씀이 아밋대의 아들 요나에게 임하니라 이르시되 ² 너는 일어나 저 큰 성읍 니느웨로 가서 그것을 향하여 외치라 그 악독이 내 앞에 상달되었음이니라 하시니라 ³ 그러나 요나가 여호와의 얼굴을 피하려고 일어나 다시스로 도망하려 하여 욥바로 내려갔더니 마침 다시스로 가는 배를 만난지라 여호와의 얼굴을 피하여 그들과 함께 다시스로 가려고 배 삯을 주고 배에 올랐더라 욘 1:1-3

1장 2절까지 요나는 죄를 짓지 않았다. 1장 2절까지 요나는 하나님의 사람이다. 왜냐하면 요나에게 하나님의 말씀이 임했고 니느웨로 가서 하나님의 뜻을 선포하라는 사명도 받았다. 그는 한 시대를 통해 하나님께서 만나주신 사람이다. 그렇지만 3절에서 요나가 여호와의 얼굴을 피하는 순간 요나는 죄인이 되기 시작한다. 순간이다. 이것이 순간적으로 온다.

누구나 한 번쯤 자신의 부모를 굉장히 원망했던 기억이 있을 것이다. 나는 초등학교 4학년 때 그랬다. 그 당시 내 친구들은 이층집에 자가용까지 있을 정도로 꽤 잘사는 집 아이들이었다. 그런데 어느 날 보니 하나같이 부모님이 사주신 자전거를 가지고 나온 것이 아닌가. 나는 운동신경이 뛰어나서 자전거를 빌려 금세 자전거를 배웠다. 하지만 내 자전거가 아니기 때문에 그 후에도 구경만 하고 잠깐씩 얻어 타기만 했다.

그 이야기를 어머니에게 하자 어쩐 일인지 어머니가 자전거를 사주시겠다고 했다. 그때부터 내 심장이 뛰기 시작했다. 하지만 어머니가 하시던 가게로 찾아갔을 때 돌아온 대답은 사주고 싶었지만 안 되겠다는 말이었다. 나는 큰 기대를 안고 찾아갔기에 실망도 컸다.

"그럼 왜 사준다고 했어? 자랑했단 말이야. 사준댔잖아."

계속 조르자 나는 금세 철딱서니 없는 아이가 되어버렸다. 문제는 그다음이었다. 나는 그때까지 내 삶이 불행하다고 생각하며 살아본 적이 없었다. 물론 공부 잘하는 형과 좀 비교가 되기는 했지만 그래도 형이 못하는 나만의 특기도 있었다. 나는 친구들을 수십 명씩 거느리고 다니며 장독을 깨고 들로 산으로 뛰어다니며 나의 동무들과 행복하게 살아왔다. 하지만 그날 이후 내 인생이 불행해졌다.

단 한순간에 달라질 수 있다

뭔가 쑥 들어오면서 순간 바뀌어버렸다. 그날 내가 자전거를 품은 순간에 말이다.

뱀이 여자에게 이르되 너희가 결코 죽지 아니하리라 너희가 그것을 먹는 날에는 너희 눈이 밝아져 하나님과 같이 되어 선악을 알 줄 하나님이 아심이니라 여자가 그 나무를 본즉 먹음직도 하고 보암직도 하고 지혜롭게 할 만큼 탐스럽기도 한 나무인지라 여자가 그 열매를 따먹고 자기와 함께 있는 남편에게도 주매 그도 먹은지라 창 3:4-6

놀라운 것은 선악과를 먹기 전에 벌써 하와의 눈에 그것이 먹음직하고 보암직하고 지혜롭게 할 만큼 탐스럽게 보였다는 것이다. 그래도 아직 죄는 아니다. 먹지 않았기 때문이다. 하와 안에 선악과가 들어온 것처럼 내 안에도 자전거가 들어왔다.

그 전까지 아담과 하와는 동산의 모든 열매를 따먹으며 행복하게 살았다. 하나님이 지으신 만물의 영장(靈長)으로 만물을 다스리고 살았다. 그러나 뱀의 말로 인해 하와 안에 선악과가 들어온 순간 불행하기 시작하고 세상이 달라 보였다.

인생을 살아간다는 것은 얼마나 어려운지 모른다. 인간이 죄를 범하자 하나님께서는 "너는 흙이니 흙으로 돌아갈 것이니라"(창 3:19)라고 말씀하셨다. 얼굴에 땀을 흘려야 먹고살아갈 수 있고 마침내 흙으로 돌아간다. 그렇다. 우리 인생에는 흙으로 돌아가게 되는 고단함이 있다. 우리는 우리를 불행하게 만드는 어느 순간, 내 안에서 나를 차지하는 것이 무엇인지 봐야 한다. 하나님이 아닌 뭔가가 내 안에 쑥 들어온 순간부터 내가 달라지기 때문이다.

내 남편이 비록 키도 작고 못생겼지만 성실해서 하나님께 감사했는데, 어느 날 친구 집에 놀러 가서 친구 남편을 보니 사업도 잘하고 키 크고 잘생기기까지 했다면 그때부터 이런 생각이 들어오게 된다.

'나는 왜 이 남자를 만나 이 모양으로 살고, 쟤는 왜 예수 믿지 않아도 저렇게 잘 사는가?'

이 생각이 들어온 순간 우울증이 생기고 불행하다고 느끼게 된다.

> 마귀가 벌써 시몬의 아들 가룟 유다의 마음에 예수를 팔려는 생각을 넣었더라 요 13:2

내 안을 차지하고 있는 생각이 주님을 붙잡는 조건이 되지 않으면 그때부터 죄로 방향이 틀어지기 시작한다. 지금까지 5,60년 주님을 잘 따라왔다고 해도 안 그럴 수 있다는 보장이 없다. 아담 역시 선악과를 먹기 전까지는 하나님을 잘 따라왔다. 예전부터 호시탐탐 선악과를 먹을까 말까, 먹을까 말까 하다가 돌아갔던 것이 아니라 꾸준히 주님을 따라왔다. 그런데 어느 순간 마귀의 말을 '듣고' 그것을 '보고' 그것을 마음속에 품게 되자 한순간에 방향이 틀어지기 시작한 것이다.

죄는 윤리 도덕의 차원이 아니다

흔히 영화가 결혼식 장면부터 시작하면 그다음부터는

대판 싸우고 풍비박산이 되어 이혼의 위기까지 가는 장면이 이어지곤 한다. 반대로 영화가 행패 부리고 싸우는 장면부터 시작하면 계속해서 싸우기만 하지는 않는다. 그런데 요나는 요나서 1장에서 하나님으로부터 딱 돌아서버렸다. 말하자면 막장으로 시작했다. 그래서 우리는 선지자가 어떻게 그럴 수 있는지 당황해한다. 그렇지만 당황할 문제가 아니다. 누구라도 그럴 수 있다.

도둑질한 것이 죄인가 아닌가? 죄다. 거짓말이 죄인가 아닌가? 죄다. 다른 사람을 구제하는 것이 죄인가 아닌가? 아니다. 선교헌금을 드리는 것이 죄인가 아닌가? 아니다. 그런데 우리는 죄인가 아닌가의 여부를 사건으로 보는 것이 아니라 하나님 중심으로 봐야 한다.

도둑질을 했는데 그 사건 때문에 자신이 하나님 앞에 나아가는 기회가 되었다면 그것은 그 사람에게 화(禍)인가 복(福)인가? 그것은 복이다. 거짓말을 했는데 그 거짓말 때문에 가슴을 치며 하나님께 돌이키는 회개를 했다면 그것은 화인가 복인가? 복이다. 사람을 구제했는데 그것이 나의 의(義)가 되면, 해(害)다. 선교헌금을 했는데 그것으로 자신을 자랑하게 되었다면, 그것은 해다.

죄를 윤리 도덕으로 보지 말라. 그 사건이 무엇을 붙잡게 하고 어디를 바라보게 하느냐로 평가하라. 우리는 잘 살기도 하고 곧잘 넘어지기도 한다. 하지만 넘어지는 것이 문제가 아니다. 넘어졌을 때 내가 바라보고 싶은 방향을 바라보면 그것은 죄고, 넘어졌을 때 거기서 다시 하나님을 붙잡는다면 그것은 죄가 아니라 복이라고 말하는 것이다. 내가 지금 잘나가는데 잘나가기 때문에 하나님을 놓치고 있다면 그것이 죄가 되고, 내가 잘나가도 거기서 하나님을 더 바라보고 맡은 일을 감당하게 된다면 그것이 복이 되는 것이다.

갈수록 하나님이 보인다

선지자라도 하나님의 말씀에서 돌아설 수 있다. 우리는 언제든지 돌아설 수 있는 사람들이다. '나'도 그럴 수 있는 사람이라 생각하면 깨어 있게 된다. '나'도 하나님의 말씀에서 돌아설 수 있는 사람이라 생각하면 두려움을 느끼게 될 것이다.

> 4 여호와께서 큰 바람을 바다 위에 내리시매 바다 가운데에 큰 폭풍이 일어나 배가 거의 깨지게 된지라 5 사공들이 두려워하여 각각 자기의 신을 부르고 또 배를 가볍게 하려고 그 가운데 물건들을 바다에 던지니라 그러나 요나는 배 밑층에 내려가서 누워 깊이 잠이 든지라 욘 1:4,5

배를 가볍게 하려고 물건을 바다에 던진다는 것은 그 배의 선원들이 할 수 있는 마지막 수단이었다. 그 배는 유람선이 아니다. 무역을 하기 위해 물건을 싣고 가는 배였기 때문에 그 물건들은 팔아서 이윤을 남겨야 하는 그들의 재산이다. 하지만 지금은 재산도 포기할 만큼 생명이 위급한 상황이었다.

그런데 요나는 이 풍랑 속에 누워 깊이 잠이 들었다. 무기력해졌다. 영적 무기력이다. 내 삶의 인도자가 되시는 예수님을 믿는다고 고백하는 우리 가운데도 놀라운 일이 벌어진다. 우리가 그 예수님만 바라보는 것이 아니라 다른 무언가와 비교하는 마음을 품는다면 우리도 요나처럼 우울해지고 무기력해지는 것이다.

신앙이란 갈수록 주님을 바라보지 않으면 무너진다는 것을 배우는 것이다. 3,40대에는 일단 내 힘이 넘쳤다. 청년들과 철야예배라도 드리게 되면 "너희들, 다 죽었어! 내가 얼마나 고생하면서 신앙생활했는지 알아? 내가 어떻게 주님을 좇았는지 알아? 그런 나는 하나님 앞에 나왔는데 너희가 그따위로 살아?" 이러고 올라가서 2시간 동안 핏대를 세워가며 설교했다. 지금 돌아보니 '그때 내가 진짜 하나님의 마음으로 그렇게 했나? 진짜 주님의 울분이었나? 거기에 내 혈기도 있지 않았을까?' 하는 생각이 들었다.

물론 50대가 된 지금도 집회 장소에 가면 내 힘이 아닌 하나님이 주시는 말씀과 열정으로 사역을 감당하게 하신다. 하지만 강단으로 올라갈 때도 힘이 없으니까 기도한다. 주님의 말씀을 잘 전할 수 있도록 부족한 종을 붙잡아주시도록 기도한다. 집회에서 강단에 오르는 나의 태도, 예전과 다른 지금의 내 모습을 보며 내가 배우기 시작한 것이 있다. 하나님 붙잡는 법을 배운다.

"하나님이 안 붙잡아 주시면 나는 한 방에 날아가겠구나. 하나님이 없으면 내가 한 방에 없어지겠구나."

하나님은 나의 혈기, 나의 무기력을 뛰어넘어 역사하신다. 갈수록 그 하나님이 보인다.

하나님을 놓칠 때 당하는 수치

우리가 주님을 놓치면 우리 인생에 두 가지 반응이 나타날 것이다. 먼저 일이 안 풀리면 무기력과 회의감이 찾아올 것이다. 내 인생의 소망이 무엇인지 회의감이 들고, 무기력한 원인이 내게 있지 않다고 자기를 합리화하고 싶어서 누구 또는 무언가를 비난하고 싶을 것이다.

"하나님이 내 인생을 이렇게 만들었어."
"다 부모 형제 때문이야."
"상황이나 환경 탓이야."
만일 일이 잘 풀린다면 교만할 것이다.
"내가 어떻게 여기까지 왔는데!"
"너 왜 이렇게 게을러?"
"기도를 안 해서 그래! 열심히 안 하니까 그래!"
"공부 안 하니까 그렇지."
이것이 주님을 떠난 자가 나타내는 동일한 반응 조건이다.
우리의 기준은 하나님이시다. 하나님을 떠난 모든 것은 다 죄다.

그것이 교만이다. 열등감도 다른 사람을 비난하는 것도 다 교만에서 비롯된 것이다. 하나님 앞에 있는 것이 겸손이다. 하나님이 중심이시다. 요나서는 선지자도 예외가 없다고 말한다.

> 6 선장이 그에게 가서 이르되 자는 자여 어찌함이냐 일어나서 네 하나님께 구하라 혹시 하나님이 우리를 생각하사 망하지 아니하게 하시리라 하니라 욘 1:6

놀랍게 다들 기도하고 있는데 배 밑층에서 혼자 자고 있는 요나에게 선장이 하는 말을 들어보라.
"자는 자여 어찌함이냐 일어나서 네 하나님께 구하라."
하나님을 떠나 무기력해진 요나가 급기야 이방인에게 수치를 당하고 있다.
나는 고등학교 2학년 때 식사기도를 결단했다. 밥 잘 먹다가 어느 날 갑자기 식사기도를 하려고 하니 믿지 않는 식구들 앞에서 두려워졌다. 그때 식기도를 할 수 있게 해달라고 한 달 이상 기도했던 것 같다. 지금 전도사로 사역하는 막내 동생이 똑같은 일을 겪었다. 나는 믿지 않는 집안에서 처음 믿고 식기도를 결단하느라 한 달이라는 시간이 필요했지만 막내는 나를 따라 교회에 다니는 것을 집안 식구들이 다 알고 있었다.
어느 날 밥상 앞에서 고민하다가 그냥 밥을 먹는 막내 동생에게 교회를 다니지 않는 셋째가 말했다.

"너 요즘 형 따라 교회에 나가지 않니?"

"네."

"교회 다니는 사람은 밥 먹기 전에 기도하는 거 아니야?"

"네."

"그럼 믿으려면 제대로 믿어. 기도해!"

놀랍지 않은가. 하나님은 믿지 않는 사람을 통해서 기도하라고 하신다. 세상이 도리어 우리에게 이렇게 말할 것이다.

"너 하나님을 믿는다면서? 너희 하나님이 살아 계신다면서?"

명백한 것은 하나님이 안 계신 것 같은 게 아니라 우리가 하나님을 바라보지 않은 것이다. 우리가 하나님을 놓친 것이다.

성도의 힘

우리의 힘은 세상의 것이 아니다. 하나님이 아니면 회복은 없다. 먼저 하나님과의 관계가 회복되어야 한다.

하나님께서 어떤 사람을 이끌기로 작정하셨다면 하나님은 그것을 놓치지 않으신다. 환경과 사람을 다 잘라버리신다. 마치 수치를 당하게 하시는 것 같다. 하지만 그래야 하나님께 온다. 하나님을 떠나면 선지자라 해도 한 방에 무기력해지고 한 방에 수치를 당하게 된다.

7 그들이 서로 이르되, 자 우리가 제비를 뽑아 이 재앙이 누구로 말미암아 우리에게 임하였나 알아보자 하고 곧 제비를 뽑으니 제비가 요나에게 뽑힌지라 욘 1:7

재앙이다. 하나님께서 큰 바람을 바다 위에 '힘껏' '세게' 던지셨다. 말하자면 요나가 탄 배를 목표로 두고 하나님께서 물 폭풍을 잡아 피구를 하신 것이다. 하나님이 던지시니 백발백중이다. 깨지지 않을 정도로 죽지 않을 만큼 세게 던지셨다.

뱃사람들은 풍랑과 태풍을 많이 겪어본 사람들이기 때문에 이 느낌을 알았다.

"어? 이 폭풍은 다르다. 여기에 뭔가 있다."

이 사실을 인지하기 시작하자 그들은 원인을 찾기 시작한다. 하지만 요나는 자고 있다. 요나는 영적 무감각 상태까지 가서 아예 마음을 닫아버린 것이다. 그들은 도대체 누구 때문에 이런 폭풍이 왔는지 제비를 뽑았다. 거기서 기가 막히게도 요나가 뽑힌다.

성도의 힘이 무엇인지 아는가? 성도의 힘은 하나님께서 나를 붙잡았다는 것을 아는 것이며, 하나님께서 한번 붙잡은 자를 끝까지 붙잡으신다는 것을 아는 것이다.

나는 개를 여러 차례 키워봤다. 맨 마지막에 기른 개를 가장 사랑했다. 이름이 진돌이인데 정말 멋지게 생겼다. 내 발걸음 소리를 알아듣고 제일 먼저 뛰어나오는 똑똑한 개였다. 그런데 어느 날 진돌이가 사라졌다. 개장수가 잡아간 것이다. 나는 일주일 동안 진돌이를 찾아다녔다. 집에 가도 마음이 헛헛했다. 그리고 일주일쯤 지나서 다시 어느 정도 정상적인 생활을 하기 시작했다.

그런데 만일 내 아들 하람이나 하준이를 잃어버렸다면 어땠을까? 일주일 찾다가 포기하고 "여보, 우리 새로 하나 낳자. 하쭌이라고 하자" 그럴 것 같은가? 아니다. 미치도록 찾을 것이다. 찾고 또 찾을 것이다.

하나님이 우리를 어떻게 선택하셨는지 아는가? 자녀로 선택하셨다. 자녀를 버리는 부모는 없다. 자녀가 도망가도 하나님은 끝까지 쫓아가신다. 이방인들로부터 끄집어내신다. 수치를 당하게 하시더라도 끄집어내신다. 한 번 붙잡은 자를 놓지 않으신다.

요나가 하나님의 사람으로 살아갈 수 있는 이유가 여기 있다. 이스라엘이 선민(選民)이 될 수 있는 것도 이스라엘이 잘나서가 아니라 하나님이 그 민족을 택하셨기 때문이다. 이 땅을 살아가면서 하나님 은혜를 입은 자랑이 있다면 하나님이 나를 붙잡으셨다는 것이다.

어느 때는 나도 우울할 수 있고 무너질 수 있고 내 삶에서 하나님을 놓칠 수도 있다. 그런데 하나님은 그런 나를 그냥 놔두지 않으신다. 무기력해지고 수치를 당해도 하나님은 나를 놔두지 않으신다. 왜냐하면 내가 다른 세상 사람이 아니라 하나님의 자녀이기 때문이다.

돌아온 탕자 이야기를 다들 잘 알 것이다. 아버지가 탕자를 왜 받아주는가? 자식이기 때문이다. 종은 도망가면 죽인다. 하지만 자식은 죽이지 못한다. 자식이기 때문이다. 우리는 성도의 힘이 여기 있다는 것을 알아야 한다.

"하나님께 있구나! 주님이 나를 붙잡으셨구나."

"내가 죽어도 주님을 못 벗어나는구나."

"내가 주님 반대편에 서면 수치를 당하고 끌려가지만 그렇게 끌려가더라도 하나님이 결국 하나님 앞으로 끌어오시는구나."

우리는 이것을 알아야 한다.

주님을 놓치고 낙망하는 죄

신앙이 좋다는 것은 "내가 하나님께 붙잡혀 하나님으로부터 벗어날 수 없기 때문에 나는 하나님만 바라보고 살겠다"고 결심하는 것이다.

반대로 신앙이 좋지 않으면 아직도 내가 하나님으로부터 벗어날 수 있다고 착각한다. 아직도 직장만 있으면 먹고살 수 있다고 생각한다. 내가 가진 재물이 나를 평안하게 해준다고 생각한다. 주식이 오르면 안정감이 들고, 펀드가 오르면 내 인생이 풀린다고 생각한다. 여자친구가 생기면 인생이 행복하다고 여긴다. 주식으로 돈을 날리면 내 인생이 끝났다고 생각한다.

사건과 문제에만 빠지지 말라. 하나님께서 우리에게 문제를 주실 때가 있다. 왜냐하면 하나님을 바라보라고. 고난을 주실 때가 있다.

왜냐하면 오히려 하나님께 집중하라고. 그 문제가 내가 다시 주님을 바라보게 하고, 그 사건이 내가 다시 하나님을 붙잡게 한다면 그것이 복이다. 그 문제 때문에 내가 다시 세상으로 가면 그것이 화가 되는 것이지 문제 자체가 중요한 것이 아니다.

내가 교회 안에 클럽 하나 만들까 한다. '골골 80 클럽'이다. 병이 다섯 개 이상 있는 사람들을 모집해서 약도 공유해주고, 병원도 데려다주고, 좋은 거 생기면 나눠먹고, 위로하고, 서로 안고 가면서 하나님 바라보며 하나님 붙잡고 하나님이 부르실 때까지 살아가는 클럽이다. 아픈 것이 문제가 아니다. 어려운 것이 문제가 아니다. 그것 때문에 주님을 놓치고 낙망한 것이 문제다. 그것이 죄다.

건강하다고 잘난 체하지 말라. 내가 하나님을 놓치지 않았는지 보라. 하나님은 나를 붙잡고 계신데 내가 그것을 잊고 있지 않은지 회개하라. 하나님은 한 번 붙잡은 자를 놓지 않으신다. 하나님 앞에 사명을 배반하고 도망가더라도 그렇다. 붙잡은 자를 끝까지 놓치지 않고 붙들고 가시는 것이 하나님의 성품이다.

믿음이란, 하나님이 내 인생의 처음과 끝을 아시고 나를 붙잡고 가고 있음을 고백하는 것이다. 우리는 하나님께 붙잡히는 상(賞)을 받았다. 이 엄청난 상을 받았는데 다른 세상 것을 못 잡았다고 무너지고 무기력해진다. 하나님이 나를 끝까지 붙잡고 가실 것을 아는 것, 내 인생이 하나님께 있다는 것을 아는 믿음을 회복하라. 한 번 붙잡은 자를 놓지 않으시는 하나님의 놀라운 사랑에 의지하라.

요나서 1:1-10

여호와의 말씀이 아밋대의 아들 요나에게 임하니라 이르시되 너는 일어나 저 큰 성읍 니느웨로 가서 그 것을 향하여 외치라 그 악독이 내 앞에 상달되었음이니라 하시니라 그러나 요나가 여호와의 얼굴을 피하려고 일어나 다시스로 도망하려 하여 욥바로 내려갔더니 마침 다시스로 가는 배를 만난지라 여호와의 얼굴을 피하여 그들과 함께 다시스로 가려고 배 삯을 주고 배에 올랐더라 여호와께서 큰 바람을 바다 위에 내리시매 바다 가운데에 큰 폭풍이 일어나 배가 거의 깨지게 된지라 사공들이 두려워하여 각각 자기의 신을 부르고 또 배를 가볍게 하려고 그 가운데 물건들을 바다에 던지니라 그러나 요나는 배 밑층에 내려가서 누워 깊이 잠이 든지라 선장이 그에게 가서 이르되 자는 자여 어찌함이냐 일어나서 네 하나님께 구하라 혹시 하나님이 우리를 생각하사 망하지 아니하게 하시리라 하니라 그들이 서로 이르되 자 우리가 제비를 뽑아 이 재앙이 누구로 말미암아 우리에게 임하였나 알아보자 하고 곧 제비를 뽑으니 제비가 요나에게 뽑힌지라 무리가 그에게 이르되 청하건대 이 재앙이 누구 때문에 우리에게 임하였는가 말하라 네 생업이 무엇이며 네가 어디서 왔으며 네 나라가 어디며 어느 민족에 속하였느냐 하니 그가 대답하되 나는 히브리 사람이요 바다와 육지를 지으신 하늘의 하나님 여호와를 경외하는 자로라 하고 자기가 여호와의 얼굴을 피함인 줄을 그들에게 말하였으므로 무리가 알고 심히 두려워하여 이르되 네가 어찌하여 그렇게 행하였느냐 하니라

03 chapter
앉아서 머리로만 동의하는 건 믿음 아니지

훈수 두는 건 신앙 아니다

장기나 바둑을 둘 때 옆에서 훈수를 두는 사람이 있다. 세상에서 제일 쉬운 일이 훈수 두는 일이다. 정작 바둑을 두는 사람은 한 수만 악수(惡手)를 두어도 대마(大馬)가 날아가기 때문에 한 수 한 수 얼마나 피를 말리며 두는지 모른다.

훈수 두는 사람에게 보이는 것은 아주 가끔이다. 그런데도 훈수 두는 사람은 "왜 거기 안 됐어?"라고 너무 쉽게 말한다. 왜냐하면 책임이 없기 때문이다. 진짜로 두는 사람은 죽도록 고민하지만 훈수 두는 사람은 승패와 상관이 없기 때문이다. 게다가 그것이 마치 자기 실력인 양 착각한다.

나는 고등학교 때 야구를 하면서 캐처(catcher, 포수)라는 포지션을 맡았다. 그런데 캐처는 웬만한 사람이 아니면 못 본다. 소위 간이 부어 있어야 공을 받을 수 있다. 왜냐하면 아무리 평범한 고등학생이 던지는 공이라도 공이 날아오는 속도가 있고 "윙" 하는 소리까지 더해지기 때문에 겁을 먹고 눈을 감아버리면 공을 받기는커녕 그대로 공에 맞기 때문이다.

눈을 뜨고 공을 받아내는 것이 결코 쉽지 않다. 정작 그 자리에 서서 공을 치거나 받아보지 않았으면서 운동경기를 관람하는 사람들은 너무 쉽게 "저걸 못 쳐?" 하고 야유를 보낸다. 옆에서 본다고 그것을 자기 실력인 양 착각해서는 안 된다.

삶으로 흘러넘치게 하라

장미란 선수가 마커스 목요예배에 와서 간증을 한 적이 있었다. 그녀는 100킬로그램의 역기를 들어 올리려면 그만한 훈련의 양이 필요하다고 했다. 그것이 가능해지면 110킬로그램에 도전하게 되는데, 그것은 10킬로그램만 더 들어 올리면 되는 것이 아니다. 110킬로그램을 들어 올리는 데는 또 그만한 훈련의 양이 필요하다. 쉽게 되는 것이 아니다. 한 고비를 넘기고 한 단계 더 올라서는 데 얼마나 많은 훈련의 땀과 삶의 양이 필요한지 모른다.

그런데 우리는 신앙생활도 이렇게 생각한다. 나에게 하나님을 향한 진심이 있고, 하나님에 대한 지식이 있고, 말씀을 좀 안다고 해서 그것이 신앙인 줄 착각한다. 하지만 그것이 정말 신앙인가? 그렇지 않다. 신앙은 삶으로 드러나는 것이다.

내가 노회에서 교육부장을 할 때였다. 교육부장은 전도사나 강도사처럼 예비 목회자를 가르치고 훈련하기 때문에 파워가 있었다. 한번은 미국에서 유학 중이던 동기가 한국에 나와 목사 안수를 받게 되었는데, 임지(任地)가 없기 때문에 목사 안수를 줄 수 없다는 의견이 제기되었다. 나는 임원으로서 내가 보증을 하여 그가 안수를 받을 수 있도록 해주었다.

물론 그는 그 사실을 몰랐다. 그럼 나도 그에게 말하지 않는 것이 옳다. 그런데 머리로는 '말하면 안 돼. 안 하는 거야. 안 하는 거야' 하고 생각했지만 결국 그를 보고 말해버렸다.

"그거 있잖아, 나 때문에 된 거야."

"어, 그래? 형?"

"그래!"

말하고 돌아서는 순간 나는 후회했다.

'이런 쪼다! 말하지 말았어야지… 하나님만 아셔야 되는데….'

이런 상황이 또 온다면 그때는 말하지 않을 수 있을까. 나는 자신이 없다. 하나님만 아셔야 하고, 자랑하면 안 되고, 섬겨야 하고, 묵묵히 봉사해야 하고, 사랑하면서 해야 한다는 것을 알고 있다. 물론 아무도 알아주지 않는데 묵묵히 봉사하는 것은 결코 쉬운 일이 아니다.

우리는 자신이 안다는 데서 끝내면 안 된다. 내가 알면서 안 하는 것과 모르고 안 하는 것은 안 한다는 점에서 똑같다. 그런데 내가 알고 있고, 진심이 있다는 이유만으로 몰라서 안 하는 사람, 진심이 없다는 사람과 자신은 격이 다르다고 착각한다.

요나가 누구인가? 이스라엘 백성이요 하나님의 택하심을 받았고 누구보다 하나님의 사랑을 많이 받은 이스라엘의 역사를 통해 하나님의 살아 계심을 맛본 자이다. 요나는 이스라엘 백성 중에서도 특별히 가려 뽑은 선지자다. 그런 그가 한순간에 하나님의 반대편에 섰다. 하나님은 요나를 통해서 우리가 언제든지 하나님의 명령을 알고도 돌아설 수 있다는 것을 알라고 하신다. 아는 데서 그치는 것이 아니라 행하며 따라가지 않으면 안 된다는 것을 말씀해 주신다.

"지금은 돈 벌기에도 바빠. 나중에 은퇴해서 시간이 많을 때 하자."

하지만 신앙은 지금 바쁘다는 핑계로 나중에 할 수 있는 것이 아니다. 주님은 우리가 하루하루 주님을 닮아가기 원하신다. 그 삶 가운데 일하고 싶어 하신다. 주님은 우리가 살아가기 원하신다. 주님이 주신 인생 속에서 하루하루 신앙이 자라고 배워가기 원하신다. 신앙은 우리가 안다는 머리나 진심이 있다는 마음의 문제가 아니다. 그것이 삶으로 흘러나오느냐가 문제다.

우리가 살아가다보면 내가 안다고 하는 것이 얼마나 헛된지, 내

진심이라는 것이 얼마나 실력이 없는 것인지 증명된다. 예수께서 오죽하면 이 예화로 말씀해주셨을지 생각해보라. 어떤 사람에게 두 아들이 있는데 맏아들에게 오늘 포도원에 가서 일하라고 하니까 가겠다고 하더니 가지 않았고, 둘째 아들에게도 포도원에 가서 일하라고 하자 싫다고 대답했다가 그 후에 뉘우치고 갔다(마 21:28-31). 이 두 아들 중 누가 아버지의 말씀에 순종한 것인가. 바로 둘째 아들이다. 그대로 앉아 머리로만 동의하는 것, 그것은 신앙이 아니다.

하나님을 경외하는 사람의 태도?

심상치 않는 바다의 풍랑을 본 뱃사람들이 이 재앙이 누구 때문인지 알아보고자 제비를 뽑았을 때 요나가 뽑힌다. 그들이 요나에게 물었다.

> 9 그가 대답하되 나는 히브리 사람이요 바다와 육지를 지으신 하늘의 하나님 여호와를 경외하는 자로라 하고 10 자기가 여호와의 얼굴을 피함인 줄을 그들에게 말하였으므로 무리가 알고 심히 두려워하여 이르되 네가 어찌하여 그렇게 행하였느냐 하니라 욘 1:9,10

"나는 히브리 사람이요 바다와 육지를 지으신 하늘의 하나님 여호와를 경외하는 자로라."

이때 요나가 대답한 하나님에 대한 고백은 단순한 지역 신(神)의 개념을 넘어서고 있다. 아브라함과 출애굽 시대에 신 개념은 지역 신이었다. 다시 말해 한국의 신은 한국에서만 역사하고, 중국의 신은 중국에만 역사한다고 보는 것이다. 아브라함은 자신의 여호와는 이스라엘의 신이기 때문에 애굽으로 가면 하나님이 역사하지 못하실 줄 알았다. 그런데 그는 애굽에서도 하나님이 역사하심을 목도하게 되면서 하나님을 깊이 경험하게 되었다.

요나는 자신의 하나님이 바다와 육지를 지으신 하늘의 하나님이심을 알고 있었다. 지금 자신이 어디로 도망가더라도 하나님 앞에 있다는 것을 알았다. 그는 자신을 "그 하나님을 경외하는 자"라고 소개한다. 그러면서도 하나님의 얼굴을 피한다고 한다. 그렇다면 하나님을 경외하는 자가 어떻게 하나님의 얼굴을 피할 수 있는가? 여기서도 요나의 말이나 진심과는 다른 요나의 행동의 문제가 드러난다.

그러자 하나님을 모르는 이방인들이 두려워하면서 "어쩌자고 그렇게 했느냐"고 묻는다. 이 말은 하나님을 경외한다면서 왜 도망치느냐고 말하는 것이다. 그가 하나님의 얼굴을 피해 도망치고 있다면 "나는 이제 더 이상 하나님을 경외하지 않는다"라고 말하는 것이 정직한 대답이기 때문이다.

그렇다면 하나님을 경외한다는 것이 뭘까? 하나님께서는 요나서를 통해 두 가지를 말씀하신다.

하나님 말씀에 대한 반응

첫째, 하나님을 경외하는 자는 절대로 하나님의 말씀을 회피하지 않는다. 하나님을 경외한다고 말하는 사람에게 일어나는 신앙적 반응이 곧 하나님의 말씀에 대한 반응이다. 주의 말씀이 내가 지키고 따르고 순종해야 하는 명령으로 들린다. 이것이 하나님을 경외하는 것이다. 하나님을 믿는다고 말만 하는 것이 아니라 하나님의 말씀 앞에 순종하는 것, 이것이 진짜 하나님을 믿는 것이다.

불교 집안에서 태어나 처음 신앙하면서 내가 가장 힘들어했던 사람은 핍박하는 집안 식구도, 또 다른 불신자도 아닌 바로 믿는 사람들이었다. 교회에 다닌다는 친구들이 가장 어려웠다. 어떻게든 교회에 가려고 하고, 어떻게든 주일을 지키려고 하고, 어떻게든 예배를 드리려고 하고, 어떻게든 봉사를 하려고 애쓰는데 믿는다는 친구에게 광신도 소리를 듣는 심정을 아는가? 하지만 그때 나는 하나님께 내 삶과 신앙을 드렸다.

만일 주일에 직장에서 워크숍을 간다, 엠티를 간다고 할 때 동료 중 한 사람이 "저는 교회에 가야 하기 때문에 못 가는데요"라고 말하면 적어도 믿는 사람이라면 이런 말은 하면 안 된다.

"야, 나도 교회에 다니지만 넌 너무한다."

어떻게든 믿음을 지키려는 사람에게 이렇게 말할 수 있는가? 적어도 믿는 사람이라면 도와주지는 못할망정 가만히 있어야 하는 것이 아닌가. 나는 바로 이런 사람들이 제일 어려웠다.

둘째, 하나님을 경외하는 것은 하나님의 말씀을 지키는 것이다. 하나님의 말씀에 우선권을 두는 것이다. 하나님의 말씀이 나의 지식과 나의 경험과 내 상황보다 앞서는 것이다.

> 너희가 나를 사랑하면 나의 계명을 지키리라 요 14:15

> 예수께서 대답하여 이르시되 사람이 나를 사랑하면 내 말을 지키리니 내 아버지께서 그를 사랑하실 것이요 우리가 그에게 가서 거처를 그와 함께 하리라 나를 사랑하지 아니하는 자는 내 말을 지키지 아니하나니 너희가 듣는 말은 내 말이 아니요 나를 보내신 아버지의 말씀이니라 요 14:23,24

예수님은 나를 사랑하면, 나를 경외하면, 나에게 우선권을 두면, 다른 무엇보다 나의 계명과 내 말을 더 사랑하리라고 말씀하셨다.

말씀에 순종하는 역사

둘로스선교회에서 이런 일이 있었다. 40명이 모이다 보니까 이 말 저 말이 나올 때가 있다. 그런데 나를 존경하고 존중할 때는 "리더가 하신 말씀이니까…"라고 순종한다. 내 말이 좀 이해가 안 가더라도 "하나님께서 세우신 리더다. 리더가 하신 말씀이다" 이렇게 말한다. 그렇지만 약간 빠져서 상태가 좋지 않을 때 나오는 말이 있다.

"남국이 형도 사람이잖아? 실수할 수 있잖아?"

맞다. 실수한다. 날마다 한다. 하지만 내 말을 지키기 싫을 때 이렇게 말한다는 것이다. 우리가 하나님 경외함을 어떻게 드러내야 하는가? 물론 말씀대로 살면 어려움이 있을 수 있다. 그러나 그렇게 살아보라. 하나님을 사랑해서 그분의 계명을 지킬 때 하나님께서 내게 어떻게 역사하시는지, 앉아서 생각하지 말고 그렇게 사는 것, 그것이 하나님 경외함이다.

그리스도인은 말씀을 따라서 살아가야 한다. 교회의 정체성은 하나님을 경외하고 하나님의 말씀에 순종하여 말씀을 따라가는 데서 결정이 난다. 우리의 신앙도 마찬가지다. 내가 예수님을 몰랐을 때 나는 우리 집안이 싫어서 외국에 나가 사는 것이 꿈이었다. 예수님을 만나고 나서도 어떻게든 해외로 나가 선교하며 살아보고 싶었다. 그러나 하나님은 그런 기회를 주시지 않았다.

내가 예수님을 더 깊이 만나고 나자 이 땅은 내가 사랑하고 섬겨야 하는 나의 사명지가 되었다. 내가 주님의 말씀을 지키고 그 말씀대로 행해야 하는 곳으로 바뀌었다. 이렇게 하나님의 말씀이 우리 안에 들어오면 우리의 중심이 완전히 뒤바뀐다.

하나님을 경외하면 하나님의 얼굴을 구한다

죄란 하나님의 얼굴을 피하는 것이다. 선악과를 먹고 난 아담과 하와가 처음 한 행동 역시 "하나님의 낯을 피하여" 동산 나무 사이에 숨는 것이었다. 창세기 11장의 바벨탑 사건이 무엇인가? 인류가 하나님을 피해 동쪽에서 옮아오다가 시날 평지를 만나 거기에 자리를 잡고 그들의 이름을 내기 위해 성읍과 탑을 건설하기 시작한 것이다. 요나도 여호와의 얼굴을 피해 내려왔다. 하나님을 피하고 싶은 것이 바로 죄의 속성이다.

그러나 하나님을 경외하는 자는 하나님의 낯을 피하지 않는다. 하나님을 경외하는 자는 그분의 얼굴을 그리워하게 된다. 사랑해보았는가? 게임이나 운동 같은 취미에 미쳐본 적이 있는가? 뭔가에 미쳐보았다면 알 것이다. 사랑을 하면 사랑이 이런 거라고 말하지 않는다. 일단 심장이 뛰고 아무 때나 보고 싶고 무작정 상대를 향해 달려가게 된다.

내가 집사람과 연애할 때 있었던 일이다. 아내를 만나기 위해 뛰어가다가 아버지가 이다음에 인감도장 만들 때 쓰라고 중국에서 사다주신 상아도장을 떨어뜨렸다는 것을 알았다. 하지만 그 도장을 줍겠다고 다시 30분을 되돌아가지 않았다. 데이트할 시간도 부족하기 때문이다. 나는 과감히 그것을 포기하고 아내를 만나러 갔다.

하나님을 경외하면 하나님이 우선이 된다. 집에서 예배드리면 예배가 안 되냐고 말하는 사람이 있는가? 그것은 사랑하는 연인에게 만나자고 했더니 "전화로 얘기하면 안 될까?"라고 말하는 것이나 같다. 만약 자매라면 그런 형제와 결혼하겠는가? 사랑은 삶을 움직인다. 절대 피하지 않는다.

힘들고 외로울 때 성전을 그리워해본 적이 있는가? 교회에서 기도하고 눈물로 하나님 앞에 앉아 있기만 해도 마냥 행복한 적이 있었나? 골방에서 하나님을 부를 수 있다는 것만으로도 감사한 적이 있는가? 하나님 앞에 있지 않으면 미칠 것 같고 그분 앞에 가지 않으면 평안함이 없는 것, 하나님을 경외한다면 이런 모습이 있어야 한다.

먼저 하나님!

한번은 마커스 목요예배를 마치고 돌아오는데 유난히 길이 막혔다. 밤 11시면 거의 모든 도로가 뻥 뚫리는데 대체 무슨 일인가 보니 1억 원을 호가하는 대형 자가용이 비상등을 켠 채 길을 막고 있는 것이 보였다. 현장에는 오토바이와 피를 흘리며 쓰러져 있는 사람, 사색이 되어 전화 통화를 하는 자가용 차주(車主)가 있었다. 나도 사고를 낸 사람의 얼굴을 그렇게 가까이에서 보기는 처음이었다. 순간 가슴이 콱 막히면서 차에 치인 사람이 죽으면 안 된다는 기도가 나왔다.

그런데 그다음으로 어떤 기도가 나왔는지 아는가? 아직 운전도 할 줄 모르는 아이들을 위한 기도, 우리 교회 성도를 위한 기도, 마커스와 둘로스와 내가 성경공부를 가르쳤던 연예인들을 위한 기도, 지금 이 순간 어디선가 운전하고 있을지 모르는 내가 아는 사람들, 내가 사랑하는 사람들을 위한 기도가 나왔다.

마찬가지로 내가 하나님을 사랑하면 하나님이 먼저 생각난다. 어떤 일이 있어도 하나님이 먼저다.

'하나님이 기뻐하실까?'

'하나님이 좋아하실까?'

'하나님이 싫어하실까?'

'하나님이 나를 보고 싶어 하실까?'

이 생각부터 드는 것이 하나님 경외함이다. 인생은 단순하지 않아서 어떨 때는 내가 원하지 않는 삶, 내가 원하지 않는 길을 걸어야 할 때가 있다. 하나님께서 내가 이해하지 못하는 일을 하라고 하시고 내가 이해할 수 없는 길을 가라고 하실 때가 있다. 그때도 내가 원하는 것이 먼저가 아니라 하나님의 뜻, 하나님의 말씀에 우선권을 두는 것이 하나님을 경외하는 것이다.

하나님이 주신 사명을 어기고 하나님의 얼굴을 피해 도망치는 요나의 모습은 결코 하나님을 경외하는 자의 모습이 아니다. 다윗의 기도를 보면 하나님을 경외하는 그의 모습이 잘 나타나 있다.

여호와여 나를 살피시고 시험하사 내 뜻과 내 양심을 단련하소서

시 26:2

> 하나님이여 나를 살피사 내 마음을 아시며 나를 시험하사 내 뜻을 아옵소서 내게 무슨 악한 행위가 있나 보시고 나를 영원한 길로 인도하소서 시 139:23,24

다윗은 진짜 하나님을 사랑하고 경외했다. 하지만 자신이 하나님을 사랑하고 경외한다고 말한 것이 아니다. 하나님이 자신을 살피고 시험해보셔서 혹시 자신의 마음, 자신의 생각, 자신의 행위에 악한 것이 있는지, 하나님 앞에서 벗어난 것이 있는지 보시라고 한다. 얼마나 하나님과 함께하고 싶고, 하나님의 뜻을 온전히 따르고 싶었으면 그렇게 구했을까.

우리가 열심히 예배를 드리고 기도를 하지만, 하나님 앞에 악한 것이 있고 내 생각이 먼저라면 시험하시고 가르쳐달라고, 그래서 주님 앞에 더 온전해지길 원하는 것, 어떻게든 하나님이 우선이고, 하나님과 함께하려는 마음이 있는 것이 경외함이다.

진짜 하나님을 경외하기 원하는가? 우리가 하나님을 경외한다는 말이 세상 사람들로부터 비아냥거림을 받지 않으려면, 우리는 하나님의 영광과 하나님의 나라를 드러내고 내 인생 가운데 하나님이 일하신다는 것을 드러내는 삶을 살아야 한다.

요나서 1:8-16

무리가 그에게 이르되 청하건대 이 재앙이 누구 때문에 우리에게 임하였는가 말하라 네 생업이 무엇이며 네가 어디서 왔으며 네 나라가 어디며 어느 민족에 속하였느냐 하니 그가 대답하되 나는 히브리 사람이요 바다와 육지를 지으신 하늘의 하나님 여호와를 경외하는 자로라 하고 자기가 여호와의 얼굴을 피함인 줄을 그들에게 말하였으므로 무리가 알고 심히 두려워하여 이르되 네가 어찌하여 그렇게 행하였느냐 하니라 바다가 점점 흉용한지라 무리가 그에게 이르되 우리가 너를 어떻게 하여야 바다가 우리를 위하여 잔잔하겠느냐 하니 그가 대답하되 나를 들어 바다에 던지라 그리하면 바다가 너희를 위하여 잔잔하리라 너희가 이 큰 폭풍을 만난 것이 나 때문인 줄을 내가 아노라 하니라 그러나 그 사람들이 힘써 노를 저어 배를 육지로 돌리고자 하다가 바다가 그들을 향하여 점점 더 흉용하므로 능히 못한지라 무리가 여호와께 부르짖어 이르되 여호와여 구하고 구하오니 이 사람의 생명 때문에 우리를 멸망시키지 마옵소서 무죄한 피를 우리에게 돌리지 마옵소서 주 여호와께서는 주의 뜻대로 행하심이니이다 하고 요나를 들어 바다에 던지매 바다가 뛰노는 것이 곧 그친지라 그 사람들이 여호와를 크게 두려워하여 여호와께 제물을 드리고 서원을 하였더라

04 chapter

자기 자존심
지키려고 하는 죄인

은혜를 모르는 모세

성경에는 우리가 깜짝 놀랄 만큼 말도 안 되는 이야기들이 있다. 그중에 하나가 바로 모세 이야기다.

모세와 아론이 회중 앞을 떠나 회막 문에 이르러 엎드리매 여호와의 영광이 그들에게 나타나며 여호와께서 모세에게 말씀하여 이르시되 지팡이를 가지고 네 형 아론과 함께 회중을 모으고 그들의 목전에서 너희는 반석에게 명령하여 물을 내라 하라 네가 그 반석이 물을 내게 하여 회중과 그들의 짐승에게 마시게 할지니라 모세가 그 명령대로 여호와 앞에서 지팡이를 잡으니라 모세와 아론이 회중을 그 반석 앞에 모으고 모세가 그들에게 이르되 반역한 너희여 들으라 우리가 너희를 위하여 이 반석에서 물을 내랴 하고 모세가 그의 손을 들어 그의 지팡이로 반석을 두 번 치니 물이 많이 솟아나오므로 회중과 그들의 짐승이 마시니라 여호와께서 모세와 아론에게 이르시되 너희가 나를 믿지 아니하고 이스라엘 자손의 목전에서 내 거룩함을 나타내지 아니한 고로 너희는 이 회중을 내가 그들에게 준 땅으로 인도하여 들이지 못하리라 하시니라 이스라엘 자손이 여호와와 다투었으므로 이를 므리바 물이라 하니라 여호와께서 그들 중에서 그 거룩함을 나타내셨더라 민 20:6-13

모세는 80세에 하나님의 부르심을 받고 애굽에서 이스라엘 자손들을 이끌어냈다. 홍해를 가르고 나와 광야를 살아갔다. 그동안 그는 하나님의 말씀에 순종해왔다. 그런데 지금 그 모세가 지팡이로 반석을 두 번 쳤다는 이유만으로 그는 가나안 땅에 들어가지 못하게 된다. 하나님께서는 모세를 이스라엘 백성들과 똑같이 불순종한 세대로 간주하셨다.

이스라엘 백성들이 광야생활 40년 동안 하나님께 얼마나 많이 불순종했는가. 그들은 우상숭배를 했고 간음을 했고 하나님께 반역하여 하나님의 뜻대로 살지 않았다. 반면에 모세는 어려울 때마다 하나님께 무릎을 꿇고 나아갔다. 그런데 하나님께서 모세에게 반석에게 명하여 물을 내라고 명령하셨다. 그때 백성들에게 화가 난 모세가 지팡이로 바위를 두 번 쳤다고, 하나님께서 그를 반역한 이스라엘 백성과 똑같이 취급하셨다. 그가 음행을 한 것도, 우상숭배를 한 것도 아니었는데 그렇게 하셨다.

지금까지 하나님께 순종하고 살아온 모세에게 하나님이 너무하신다 싶은가? 지팡이로 바위를 두 번 친 벌치고 심하다고 생각하는가? 그만큼 순종했는데 모세가 억울한 것 같은가? 그것은 우리가 하나님이 누구신지 모르고 내가 누군지 몰라서 하는 말이다. 내가 죄인이고 내가 얼마나 목이 곧고 뻣뻣하고 얼마나 교만하고 악한지 모르니까 그렇게 생각하는 것이다. 우리는 다 죄인이기 때문에 죄인 편을 드는 것이다.

모세는 어떤 사람인가? 80세에 아무것도 못하고 광야에서 양이나 치다가 죽을 사람이었다. 그런 그를 하나님께서 택하여 아주 존귀하게 만들어주셨다. 애굽의 바로 앞에 당당히 설 수 있도록 하셨고 이스라엘 민족의 지도자로 삼으셨다. 그를 통해 하나님께서 역사하기 시작하셨다. 한낱 인간인 그가 바다를 향해 손을 내밀면 홍해가 갈라지게 하셨고, 쓴물에 나뭇가지를 던지니 단물이 되는 기적을 나타내 보이셨다. 아론과 미리암이 모세를 비방할 때도 하나님께서는 "내 종 모세"라고 모세 편을 들어주셨고, 오히려 그를 공격한 자를 징계하시기도 했다. 하나님께서 언제나 그를 지키셨다. 오늘날 우리가 "모세, 모세"라고 말하는 것은 하나님께서 그를 써주셨기 때문이다.

그런데 모세는 이런 하나님의 은혜를 망각한 채 백성들에게 하나님의 거룩함을 나타내지 않고 노를 발하며 바위를 두 번 쳐서 물이 나오게 했고, 결국 가나안 땅에 들어가지 못했다.

내 자존심만큼은 지키고 싶다

나는 〈삶의 작은 일에도〉라는 찬양에서 "저 높이 솟은 산이 되기보다 여기 오름직한 동산이 되길…"이라는 가사가 가슴에 와 닿았다.

> 삶에 작은 일에도 그 맘을 알기 원하네
> 그 길 그 좁은 길로 가기 원해
> 나의 작음을 알고 그분의 크심을 알며
> 소망 그 깊은 길로 가기 원하네
> 저 높이 솟은 산이 되기보다 여기 오름직한 동산이 되길
> 내 가는 길만 비추기보다는 누군가의 길을 비춰준다면
> 내가 노래하듯이 또 내가 얘기하듯이 살길
> 난 그렇게 죽기 원하네
> 삶의 한 절이라도 그분을 닮기 원하네
> 사랑 그 높은 길로 가기 원하네
>
> 〈소원〉(삶의 작은 일에도) 중에서

당신은 살아가면서 어떤 대접을 받기 원하는가? 아무나 오를 수 없는 높이 솟은 산이 아니라 정말 오름직한 산이 되어서 지나가는 사람들이 아무렇게나 막말해도 괜찮고, 개나 소와 같은 대접을 받아도 좋은가? 자존심이 있지 그렇지 않을 것이다. 그래서 우리는 죄인이다.

성도에게는 배알이 있으면 안 된다. 자존심은 죄다. 하나님이 나를 인정하시고, 하나님이 나를 사랑하시고, 내게 많은 것을 주셨는데도 우리는 자존심을 내세우고 살아간다. 더 놀라운 것은 하나님께 많이 받으면 받을수록 자신을 더 대단하게 여긴다는 것이다. 우리의 머리, 능력, 돈이 다 누구로부터 왔는가? 하나님께서 우리에게 주신 것이다. 하나님께서 우리를 높이 세워주셨다.

그런데 우리는 스스로 자신을 대단하게 생각한다. 모세도 자신이 대단해 보인 것이다. 자신이 다른 사람들과 다르다고 여겨 그들을 우습게 본 것이다. 하나님 앞에서 자존심을 지키려고 하는 것, 이것이 죄다.

예수께서 거기서 나가사 두로와 시돈 지방으로 들어가시니 가나안 여자 하나가 그 지경에서 나와서 소리 질러 이르되 주 다윗의 자손이여 나를 불쌍히 여기소서 내 딸이 흉악하게 귀신 들렸나이다 하되 예수는 한 말씀도 대답하지 아니하시니 제자들이 와서 청하여 말하되 그 여자가 우리 뒤에서 소리를 지르오니 그를 보내소서 예수께서 대답하여 이르시되 나는 이스라엘 집의 잃어버린 양 외에는 다른 데로 보내심을 받지 아니하였노라 하시니 여자가 와서 예수께 절하며 이르되 주여 저를 도우소서 대답하여 이르시되 자녀의 떡을 취하여 개들에게 던짐이 마땅하지 아니하니라 여자가 이르되 주여 옳소이다마는 개들도 제 주인의 상에서 떨어지는 부스러기를 먹나이다 하니 이에 예수께서 대답하여 이르시되 여자여 네 믿음이 크도다 네 소원대로 되리라 하시니 그때로부터 그의 딸이 나으니라 마 15:21-28

한 가나안 여자가 귀신 들린 딸을 고쳐달라고 예수께 왔다. 여자가 소리를 지르니까 제자들도 예수께 고쳐 보내시도록 간청한다. 그러자 예수님이 말씀하셨다.

"나는 이스라엘 집의 잃어버린 양, 즉 하나님이 택하신 자녀들을 위해 왔다. 자녀의 떡을 개들에게 주는 것은 옳지 않다."

예수께서 이 여자를 가리켜 '개'라고 표현하셨다. 여자는 개 취급을 받았다. 그 순간 속에서 무언가 꿈틀꿈틀 올라오지 않겠는가? 내게 어떻게 이러실 수 있느냐고 따지지 않겠는가? 그런데 그녀는 "주여, 옳소이다"라고 말한다. 개 취급을 받았으면서 이렇게 고백한다.

"맞습니다. 저는 개입니다. 그래도 주님의 은혜가 필요해서 왔습니다. 은혜를 주십시오."

나는 이 성경을 읽을 때마다 우리가 28절을 빼고 읽기를 바라는 마음이 있다. 왜냐하면 우리가 병이 낫는 것까지를 한 신(scene)으로 보기 때문에 '지금은 모독을 당하지만 결국 취하리라' 이렇게 생각하기 쉽기 때문이다.

하나님 앞에 나아와 이렇게 기도할 수 있는가?

"하나님, 맞습니다. 저는 개입니다. 6일 동안 개 취급을 당하겠습니다. 그래도 주님, 지금 주님의 은혜가 필요해서 왔습니다. 주님, 은혜를 주십시오."

하나님께서 우리에게 은혜를 주시고 우리를 사람답게 만드시니까 스스로 고귀한 존재라고 생각하는가? 우리는 개다. 개보다도 못하다. 개는 주인에게 꼬리라도 흔들 줄 안다. 반겨라도 준다. 사람들이 오죽하면 개를 키우겠는가. 그런데 우리의 모습은 어떤가?

죽어도 안 변해

다시 한번 요나의 행동을 보자. 요나는 바다와 육지를 지으신 하늘의 하나님 여호와의 얼굴을 피해 도망치고 있다. 여호와를 경외하는 자가 절대 할 수 없는 행동이다. 하나님을 피할 수 없다는 것을 알면서도 그렇게 했다.

11 바다가 점점 흉용한지라 무리가 그에게 이르되 우리가 너를 어

떻게 하여야 바다가 우리를 위하여 잔잔하겠느냐 하니 12 그가 대답하되 나를 들어 바다에 던지라 그리하면 바다가 너희를 위하여 잔잔하리라 너희가 이 큰 폭풍을 만난 것이 나 때문인 줄을 내가 아노라 하니라 욘 1:11,12

바다가 점점 흉용해지자 배에 있던 무리가 요나에게 물었다.

"우리가 너를 어떻게 해야 바다가 우리를 위해 잔잔하겠느냐?"

그러자 요나는 자신을 들어 바다에 던지라고 한다. 요나의 태도는 그야말로 뻔뻔하기 그지없다. 4절에서 본 것처럼 이미 배가 거의 깨지게 되어 사공들은 배를 가볍게 하려고 물건들을 바다에 던졌다. 목숨을 보존하기 위해 그들의 재산을 모두 바다에 던졌다. 요나가 하나님을 경외한다면 그는 이때 마땅히 미안한 마음이 들어야 한다. 이 재앙이 요나 때문에 생긴 일이었기 때문이다.

하나님께서 배를 난파시켜서 배에 탄 사람을 모두 죽이시려고 하거나 요나 한 사람을 죽이시려고 폭풍을 더 세차게 휘몰아치게 하셨나? 아니다. 요나가 다시스가 아닌 니느웨로 가도록 돌이키기 위해 하신 일이다. 니느웨로 가서 하나님의 사명을 감당하도록 하기 위해서 그렇게 하셨다.

"하나님, 잘못했습니다. 제가 니느웨로 가겠습니다."

요나가 이러면 끝날 일이다. 그러면 바다가 잔잔해지고 하나님의 사람 요나를 통해서 다른 사람들이 하나님의 영광을 볼 텐데, 요나는 자신을 바다에 던지라고 한다. 배 째라는 것이다. 이것이 죄인이다. 선지자라고 다를 것 같은가? 모세는 모세니까 다를 것 같은가? 그렇지 않다. 모세가 모세 된 것, 요나가 요나 된 것은 하나님의 은혜다. 선지자가 선지자 된 것이 모두 하나님의 은혜다.

유대인들도 하나님이 선택하지 않으셨다면 개와 같은 족속에 불과하다. 하지만 그들은 자신들이 하나님의 선택을 받았다고 스스로 뭔가 대단한 것처럼 여기며 이방인들을 개처럼 여겼다. 그러나 예수님이 이방을 선택하는 순간, 얘기는 달라졌다. 우리도 마찬가지다. 우리는 하나님의 은혜를 입으면 그것이 내 것이라고 착각하고 목이 뻣뻣해진다.

사람의 욕망은 자신이 안다고 하는 것 그 이상이다. 사람이 안다고 해서 아는 대로 행동하지는 않는다. 아무리 머리로는 알아도 변함없이 반복해서 자신의 욕망을 채우는 것이 사람이다. 요나는 하나님의 뜻을 알았고 자기 때문에 폭풍이 친 것도 알았다. 그런데 그가 자신을 바다에 던지라고 한다. 다시 말해서 죽으면 죽었지 니느웨로는 안 가겠다고 하는 것이다.

혹 이것을 어떻게 생각하는가? 나는 이 마음이 이해가 된다. 사람은 안 변한다. 어느 유명한 목사님을 만나 식사 교제를 하는데, 그분이 이런 말씀을 하셨다.

"오랫동안 제자훈련을 했지만 성도가 안 변하고, 말씀을 전했지만 성도가 안 변합니다. 성도가 참 안 변하네요."

우리는 남편이 변화되기를 바라고 아내와 자식이 변화되기를 바라면서 기도한다. 하지만 안 변한다. 그렇기 때문에 자기도 아파하고 상대도 깨어진다. 변화시키려고 하지 말라. 우리는 자신이 아니라 상대가 은혜를 받고 변화되기를 바라는데, 아니다. 내가 변해야 한다. 상대가 변화되기를 바라며 살지 말라. 내가 은혜를 받고 내 할 일을 하면 하나님께서 하나님의 일을 하신다.

요나도 변하지 않았다. 선지자도 하나님 앞에 반항하는 죄인에 불과하다. 우리는 모두 뼛속까지 죄인이다. 은혜가 아니면 도무지 변화되지 않는다. 요나는 여전히 자신이 아니라고 생각하는 일, 도저히 안 된다고 하는 일에 죽을지언정 안 가겠다고 말한다. 이것이 우리의 본성이다.

그렇다면 하나님께서 왜 불순종하는 요나를 죽이지 않고 그냥 놔두시는 걸까? 요나를 죽인다면 모든 사람을 죽이셔야 한다. 요나가 특별한 사람이 아니기 때문이다. 우리가 다 죄인이기 때문이다.

신자의 악함

"하나님, 나 이거 싫어요, 못해요."

"왜 내가 먼저 사과해야 돼요? 왜 내가 자존심이 상해야 돼요?"

"내가 걔랑 뭐가 다른데요? 걔는 다 가졌잖아요. 나는 없어서 그런 거예요. 하나님이 안 주셨잖아요."

"내가 왜 겸손하기까지 해야 하고 내가 왜 낮아져야 돼요?"

이것이 다 청년 때 내가 한 말들이다. 그때 믿음의 선배인 누님이 "남국아, 너를 위해 참아보라"고 하는 말 한마디에 하나님을 위해 살겠다고 마음먹고 불평과 원망과 자존심을 내려놓기까지 3년이라는 시간이 걸렸다. 그 시간을 보내고 났더니 인격은 여전히 부족한데 나의 말과 삶의 태도가 조금 바뀌었다.

나는 억울했다. 하나님이 내 인생을 이끌어가신다는 믿음, 하나님에 대한 신뢰가 없으면 억울하다. 이렇게 우리는 절대로 하나님 앞에 순종할 사람이 아니다. 요나는 그런 우리의 모습을 대표적으로 보여준다. 요나는 자신을 바다에 던지라고 말함으로써 자신의 자존심을 지킨다.

그런데 하나님께서 요나에게 보여주시는 것이 있다.

"요나, 네가 그렇게 대단해? 왜 네가 니느웨 사람들을 구하러 안 가겠다고 그래? 네가 진짜 하나님을 경외하는 자야?"

하나님께서 마치 요나에게 이렇게 말씀하시는 것 같다. 하나님은 역설적이게도 요나가 개처럼 여기는 이방인들이 요나를 살리려고 애쓰는 모습을 보여주신다.

13 그러나 그 사람들이 힘써 노를 저어 배를 육지로 돌리고자 하다가 바다가 그들을 향하여 점점 더 흉용하므로 능히 못한지라 욘 1:13

예수님을 믿지 않으면 구원받지 못하고 천국에 가지 못하기 때문에 우리는 불신자들을 불쌍하다고 생각한다. 물론 나도 그렇게 생각한다. 그러나 착각하지 말아야 할 것이 있다. 예수님을 믿지 않고 신앙이 없다고 해서 우리보다 못 살지 않는다는 것이다.

어떨 때 보면 믿는 사람들이 더 못되게 굴 때가 있다. 하나님 앞에 구하고 싶을 때만 나오고, 자기에게 유익할 때만 하나님의 이름을 파는 사람들을 보면 그 삶이 이방인들보다 못하다. 문제 앞에서 상식과 말과 태도가 세상 사람들보다 못할 때도 많다.

세상 사람들이 술 한잔 같이 마시면서 끝낼 문제도 우리는 털어버리지 못한다. 그 문제 때문에 실컷 기도했다고 해놓고 그다음에도 뒤끝 작렬이다. 그럴 바엔 기도하지 말고 같이 술 한잔 마시고 화해하는 것이 낫다.

하나님께서는 하나님을 떠난 자의 모습이 얼마나 악한지 요나를 통해 보여주셨다.

14 무리가 여호와께 부르짖어 이르되 여호와여 구하고 구하오니 이 사람의 생명 때문에 우리를 멸망시키지 마옵소서 무죄한 피를 우리에게 돌리지 마옵소서 주 여호와께서는 주의 뜻대로 행하심이니이다 하고 욘 1:14

무리가 "여호와여!" 하고 부르짖으며 요나의 하나님께 기도를 드린다. 여호와를 부르며 구하고 구한다. 그러나 그러는 동안에도 요나는 아무것도 하지 않았다. 아마 요나는 이렇게 생각했을 것이다.

'너희가 기도한다고 안 들으실걸?'

무리와 요나의 모습이 대조적이다. 누가 악한가? 과연 하나님 앞에 의인과 죄인이 있는가? 자신의 모습을 보라. 과연 누가 더 악한지 보라고 하신다. 신앙이 있고 하나님을 안다는 사람이 그렇지 않은 자를 더 긍휼히 여기고 사랑하고 기다리기보다 더 조급하고 악하게 행동하지 않는가.

> 15 요나를 들어 바다에 던지매 바다가 뛰노는 것이 곧 그친지라 16 그 사람들이 여호와를 크게 두려워하여 여호와께 제물을 드리고 서원을 하였더라 욘 1:15,16

결국 뱃사람들이 어쩔 수 없이 요나를 들어 바다에 던졌다. 이 정도 상황이 되었는데도 요나는 회개하지 않고 그냥 바다에 빠져 버린다.

"아, 진짜 내가 기도할게요. 내가 돌아갈게요."

이렇게 말하지 않는다. 요나의 악함이 극에 달해 있다.

죄인임을 고백하는 자

지난 마커스 10주년 기념예배에서 나는 사무엘하 23장 8절부터 17절까지를 본문으로 다윗의 용사들에 대해 설교했다. 다윗 왕국은 다윗이 혼자 세운 나라가 아니다. 하나님께 충성한 다윗 용사들의 헌신과 충절과 희생으로 세워진 나라다.

그때 나는 연합이 '곱하기'와 같다고 설명했다.

$1+1 = 2, 1 \times 1 = 1$

1끼리 곱하면 더할 때보다 더 작다. 함께하는데도 더 작다. 더한 것의 반밖에 안 된다. 마치 손해를 보는 것 같고 나의 희생이 억울해 보인다.

$2+2 = 4, 2 \times 2 = 4$

2끼리 곱하면 4다. 더할 때와 별 차이가 없다. 똑같은 것 같다. 하지만 그렇게 한참을 곱해보라. 우리는 하나님의 법칙을 모른다. 나 하나 편하면 좋을 것 같아도 하나님과 연합하고 하나님께서 붙여주신 사람들과 함께 하나님을 따라가면 달라진다.

$100+100 = 200, 100 \times 100 = 10,000$

100과 100을 더하면 200이다. 그런데 100끼리 곱하면 10,000이 된다. 그런데 우리가 모두 하나님을 따라가려면 한 가지 분명히 해야 할 것이 있다. 바로 자신이 죄인임을 고백해야 하는 것이다.

은혜를 깊이 아는 죄인 vs 은혜를 모르는 죄인

신앙을 가진 사람을 세 종류로 나눌 수 있다. 은혜를 깊이 아는 죄인과 은혜를 얕게 아는 죄인 그리고 은혜를 모르는 죄인이다. 당신은 어떤 죄인인가? 하나님의 은혜를 깊이 아는 죄인인가?

> 한 바리새인이 예수께 자기와 함께 잡수시기를 청하니 이에 바리새인의 집에 들어가 앉으셨을 때에 그 동네에 죄를 지은 한 여자가 있어 예수께서 바리새인의 집에 앉아 계심을 알고 향유 담은 옥합을 가지고 와서 예수의 뒤로 그 발 곁에 서서 울며 눈물로 그 발을 적시고 자기 머리털로 닦고 그 발에 입 맞추고 향유를 부으니
>
> 눅 7:36-38

누가복음에는 이 여인의 행동이 자세히 나와 있다. 여인은 예수님 뒤 그분의 발 곁에 서더니 울며, 눈물로 그 발을 적시고, 자기 머리털로 닦고, 그 발에 입 맞추고, 향유를 부었다.

예수를 청한 바리새인이 그것을 보고 마음에 이르되 이 사람이 만일 선지자라면 자기를 만지는 이 여자가 누구며 어떠한 자 곧 죄인인 줄을 알았으리라 하거늘 예수께서 대답하여 이르시되 시몬아 내가 네게 이를 말이 있다 하시니 그가 이르되 선생님 말씀하소서 이르시되 빚 주는 사람에게 빚진 자가 둘이 있어 하나는 오백 데나리온을 졌고 하나는 오십 데나리온을 졌는데 갚을 것이 없으므로 둘 다 탕감하여 주었으니 둘 중에 누가 그를 더 사랑하겠느냐 시몬이 대답하여 이르되 내 생각에는 많이 탕감함을 받은 자니이다 이르시되 네 판단이 옳다 하시고 그 여자를 돌아보시며 시몬에게 이르시되 이 여자를 보느냐 내가 네 집에 들어올 때 너는 내게 발 씻을 물도 주지 아니하였으되 이 여자는 눈물로 내 발을 적시고 그 머리털로 닦았으며 너는 내게 입 맞추지 아니하였으되 그는 내가 들어올 때로부터 내 발에 입 맞추기를 그치지 아니하였으며 너는 내 머리에 감람유도 붓지 아니하였으되 그는 향유를 내 발에 부었느니라 이러므로 내가 네게 말하노니 그의 많은 죄가 사하여졌도다 이는 그의 사랑함이 많음이라 사함을 받은 일이 적은 자는 적게 사랑하느니라 눅 7:39-47

과연 사함을 적게 받고 많이 받는 척도가 무엇일까? 시몬이라는 이 바리새인의 죄가 작다고 생각하는가? 그가 자신이 죄인이라는 것은 몰랐을까? 자신이 죄인이라는 것을 알았다면 속으로 '예수님이 선지자라면 자기를 만지는 저 여자가 죄인이라는 것을 알았을 텐데'라고 생각할 수 있었을까?

주님이 보시기에 바리새인이나 여자나 모두가 죄인이다. 은혜를 받았는데도 그것을 모르는 바리새인이 더 큰 죄인이다. 예수님은 거듭거듭 "화 있을진저, 너희 바리새인이여", "화 있을진저 외식하는 서기관들과 바리새인들이여"라고 하시며 그들의 헛된 경건과 잘못된 신앙생활을 지적하셨다. 그런데도 그들은 자신이 죄인임을 깨닫지 못했다.

어떤 사람이 효자(孝子)인지 아는가? 부모의 은혜에 얼마나 깊이 감사하느냐에 따라 효자가 되기도 하고 불효자가 되기도 한다. 불효자는 부모가 아무리 잘해줘도 부모가 안 해주고 못해준 것만 이야기한다. 하지만 효자는 자신을 이 세상에 태어나게 해주신 것만으로도 부모에게 감사한다.

우리는 육신의 부모를 통해 이 세상에 태어나서 예수님을 믿고 천국에 갈 수 있게 되었다는 것만으로도 감사해야 한다. 예전에 이것을 모를 때는 나도 불평했다. 그러나 지금 나는 내 부모님에게 감사한다. 다른 것이 아니다. 이 땅에 태어나 주님의 자녀가 되고 주님의 종이 될 수 있었다는 것만으로도 깊이 감사한다.

내가 더 죄인인데

어떤 사람이 주님께 감사하는가? 자신이 죄인임을 깊게 깨달은 자이다. 나 같은 죄인을 구원한 십자가의 은혜를 알 때 주님께 감사한다. 나 같은 죄인을 쓰신다는 것에 감사한다. 그것이 바로 신앙이다. 자신이 얼마만큼 죄인인지를 모르면 바리새인같이 말한다.

"쟤가 더 죄인인데…."

죄가 작거나 의인이라서가 아니라 자신이 얼마만큼 죄인인지 깨닫지 못하니까 하나님이 주신 은혜의 깊이도 모르는 것이다. 세상이 불만이고 원망스러운가? 자신의 인생이 잘 풀리지 않는가?

그러나 요나처럼 불평하고 고집 센 나의 죄 된 기질, 내 맘대로 살고 싶은 못된 심보를 하나님께 드리고 예수님의 발에 향유를 부은 이 여인처럼 울며 기도하라. 주님이 주신 은혜의 깊이를 알 수 있도록 내가 얼마나 큰 죄인인지 보여달라고 구하라. 내가 얼마나 자존심이 살아 있고, 내가 얼마나 못됐고, 내가 얼마나 막말하고 불평하고 나밖에 모르는 이기적인 사람인지, 다른 사람이 아니라 이런 나 자신이 변화되도록, 하나님의 은혜를 더 깊이 체험할 수 있도록 도와달라고 구하는 믿음의 삶을 살기 바란다.

거룩함은 하나님만이 가지고 계신다. 하나님께만 있지 우리에게는 없다. 그렇기 때문에 그분의 거룩함을 닮기 위해 우리는 오직 하나님만 바라보아야 하는 것이다. 그렇게 살아야 한다. 죄인임을 알면 타락하지 않는다. 죄인임을 알면 하나님의 은혜에 대한 감사의 고백이 나오지 않을 수가 없다. 세상이 바뀌기를 바라거나 환경에 얽매여 불평하는 자가 아니라 내가 변해야 하고 내가 더 죄인임을 깨달아 은혜의 통로가 될 수 있도록 기도해야 한다.

요나는 물에 빠져 죽으면 모든 것이 끝날 일이라고 생각했다. 그래서 하나님께서는 그를 얼마나 깊은 바다 밑으로 들어가게 하셨는지 모른다. 하나님은 요나를 가르치기 위해, 한 번에 확실히 경험하도록 하기 위해 깊은 물속에 던져 지옥을 경험하게 하신 것이다.

고난받기 싫었다

2

요나서 1:17-2:7

여호와께서 이미 큰 물고기를 예비하사 요나를 삼키게 하셨으므로 요나가 밤낮 삼 일을 물고기 뱃속에 있으니라 요나가 물고기 뱃속에서 그의 하나님 여호와께 기도하여 이르되 내가 받는 고난으로 말미암아 여호와께 불러 아뢰었더니 주께서 내게 대답하셨고 내가 스올의 뱃속에서 부르짖었더니 주께서 내 음성을 들으셨나이다 주께서 나를 깊음 속 바다 가운데에 던지셨으므로 큰 물이 나를 둘렀고 주의 파도와 큰 물결이 다 내 위에 넘쳤나이다 내가 말하기를 내가 주의 목전에서 쫓겨났을지라도 다시 주의 성전을 바라보겠다 하였나이다 물이 나를 영혼까지 둘렀사오며 깊음이 나를 에워싸고 바다풀이 내 머리를 감쌌나이다 내가 산의 뿌리까지 내려갔사오며 땅이 그 빗장으로 나를 오래도록 막았사오나 나의 하나님 여호와여 주께서 내 생명을 구덩이에서 건지셨나이다 내 영혼이 내 속에서 피곤할 때에 내가 여호와를 생각하였더니 내 기도가 주께 이르렀사오며 주의 성전에 미쳤나이다

05 chapter
바닥을 쳐야 올라올 수 있는 경험

인생을 망치는 단 한 번의 경험

결혼해서 아기가 태어나면 아기를 키우는 부모들이 모두 한 번씩 하는 일이 있다. 뜨거운 물이 담긴 컵이나 주전자에 아기 손을 갖다 대서 아이가 깜짝 놀라게 만드는 것이다. 아이가 별로 놀라지 않으면 손을 좀 더 지긋하게 눌러서 뜨거운 느낌을 경험시킨다. 아이에게 뜨거운 것이 위험하다는 것을 알려서 앞으로 아이가 뜨거운 물에 데지 않기를 바라기 때문이다.

사람마다 예민한 것이 있다. 물에 빠져서 죽을 뻔한 경험이 있는 사람은 물 근처에도 가지 않고, 개에게 심하게 물려본 사람은 강아지도 무서워한다. 나에게도 그런 기억이 있다. 친구의 조카가 기어 다니는 아기였을 때 집에서 갓 만든 뜨거운 잼을 온몸에 뒤집어쓰는 사건이 있었다. 잼이 피부에 들러붙어서 그 후에도 몇 차례 수술을 해야만 하는 것을 지켜보았다.

또 한번은 내가 어렸을 때 연탄불에 팔팔 끓인 물이 담긴 큰 솥을 들고 목욕탕에 들어가다가 미끄러져 넘어진 일이다. 순식간에 종아리 아래로 뜨거운 물이 쏟아졌다. 나는 재빨리 내복을 벗고 찬물을 끼얹은 다음 화상에 좋은 기름을 발라 다행히 상처 하나 남지 않았다. 하지만 이 경험은 내 마음에 큰 두려움이자 쓴 뿌리가 되었다. 오죽하면 교회 주보에 어린이들이 주방에 절대 들어가지 못하도록 하라고 썼겠는가.

경험시키시는 하나님

"네가 뜨거운 맛을 봐야 정신을 차린다!"라는 말이 있다. 사람에게 경험만큼 확실한 것이 없다. 누군가 옆에서 아무리 말해줘도 모르는 일, 내가 직접 경험해보지 않으면 절대 모르는 일이 있다. 그래서 경험이 필요하다. 사람은 그냥 자라나지 않는다. 하나님이 그의 삶을 만들어 가시는 과정이 있는데 그것이 바로 '경험'이다. 우리는 경험하면서 성숙해지고 실력이 쌓인다.

우리가 인생의 고속도로를 타고 곧바로 직진하면 천국에 빨리 간다. 하지만 하나님께서는 우리의 인생을 직진(直進)이 아니라 돌아서 가게 하신다. 그러면서 여러 가지 경험을 하게 하신다. 왜냐하면 인생길을 가는 것만이 중요한 것이 아니라 그 사람이 자라는 것이 중요하기 때문이다.

군대에 가면 놀라운 사실을 발견한다. 제아무리 일류대 학생이라도 군대에 처음 가면 그는 바보가 된다. 어리버리하다. 작대기 하나 달았을 때는 누구나 어리버리하다. 그런데 병장을 달면 여유가 있어지고 눈빛이 달라진다. 짬밥이라는 것은 이렇게 놀랍다. 여태까지 내가 먹은 밥그릇의 수가 중요한 것도 그것이 그냥 먹는 것이 아니기 때문이다. 그 밥그릇을 먹어가며 인생을 배워가는 것이다.

하나님이 우리를 뺑뺑이 돌리실 때가 있다. 우리는 싫어하지만 하나님은 우리가 하나님을 닮게 하기 위해 우리를 돌리신다. 그런데 그때 내 실력이 자란다. 하나님이 부르신 인생 속에 사람들을 아우르며 살아갈 수 있는 실력이 생긴다. 그것이 하나님이 우리에게 원하시는 인생이다. 경험은 그래서 참 좋은 것이다.

그런데 경험에는 하나님이 시키시는 경험이 있고 내가 만드는 경험도 있다. 반드시 경험으로 배워야 하는 것은 하나님께서 경험시키신다.

17 여호와께서 이미 큰 물고기를 예비하사 요나를 삼키게 하셨으므로 요나가 밤낮 삼 일을 물고기 뱃속에 있으니라 욘 1:17

만약 요나가 자신을 물에 던지면 풍랑이 잠잠할 거라고 말하는 대신 니느웨로 돌아가겠다, 하나님의 뜻을 따르겠다고 했다면 어땠을까? 바다 밑에서 요나를 삼키려고 큰 물고기가 기다리는 것이 아니라 아마 돌고래가 요나를 기다리고 있다가 그를 태우고 물 위를 달려서 니느웨로 보내주었을 것이다. 요나가 니느웨로 가겠다고 하는데도 하나님께서 그를 물속에 빠뜨리시고 큰 물고기 뱃속에 넣어 보내시지는 않았을 것이다.

그러나 요나는 자신을 바다에 빠트리라고 말했다. 기어코 니느웨로는 가지 않겠다고 한 것이다. 결국 그는 밤낮 삼 일을 물고기 뱃속에 있게 되었다. 그가 원했던 일이다. 하지만 그가 물에 빠지자마자 큰 물고기가 그를 바로 삼킨 것은 아니었다.

확실한 단 한 번의 경험

요나서 2장 말씀을 보면 그것을 알 수 있다. 요나가 물고기 뱃속에서 이렇게 기도한다.

> ² 이르되 내가 받는 고난으로 말미암아 여호와께 불러 아뢰었더니 주께서 내게 대답하셨고 내가 스올의 뱃속에서 부르짖었더니 주께서 내 음성을 들으셨나이다 ³ 주께서 나를 깊음 속 바다 가운데에 던지셨으므로 큰 물이 나를 둘렀고 주의 파도와 큰 물결이 다 내 위에 넘쳤나이다 욘 2:2,3

2절에서 요나는 자신이 스올의 뱃속에서 부르짖었다고 말한다. 스올은 음부, 곧 지옥을 의미한다. 그러니까 요나가 물속에 빠졌을 때 마치 지옥에 던져진 것 같은 느낌을 받은 것이다.

그는 바다에 빠지자마자 바다 수풀에 몸이 휘감긴 채 있는 대로 물을 마시고 거의 죽을 고통을 겪다가 죽기 일보 직전에 물고기 뱃속에 들어갔을 것이다. 그러나 물고기 뱃속에 들어갔다고 해서 과연 요나가 좋았을까? 그렇지 않다. 숨 막히고 끈적끈적한 느낌, 위액과 역겨운 냄새와 소화되다가 만 물고기와 함께 뒤범벅이 되어 끔찍한 시간을 보냈을 것이다.

그런 경험을 했기 때문에 요나서 2장의 요나의 기도가 시작된 것이다. 바다에 빠져서 '스올'을 경험하지 않고 바로 물고기 뱃속에 들어갔다면 요나는 물고기 뱃속에서 또다시 하나님께 뻗대다가 다시 스올과 같은 바다에 빠지게 되었을 것이다.

하나님은 요나에게 필요한 경험을 기필코 하게 하셨을 것이다. 요나가 바다에 빠져 스올을 경험하지 않았다면 큰 물고기 뱃속과 바다 사이를 아무리 왔다 갔다 해도 고집을 꺾지 않았을지 모른다. 그래서 깔짝거려서는 안 된다. 확실한 한 번의 경험이 중요하다.

3절에 보면 "주께서 나를 깊음 속 바다 가운데 던지셔서 큰 물이 자신을 둘렀다"는 표현이 나온다. 하나님이 자신을 던지셨다는 것이다. 그런데 누가 그를 던졌는가? 요나가 자신을 바다에 던지라고 했고, 이방인이 그를 들어 바다에 던졌다. 하나님은 그를 던지실 생각이 없었다. 그가 회개하고 니느웨로 가겠다고 하기만 기다리셨다.

그런데 끝내 요나가 바다에 빠지자 그 순간 하나님께서 요나를 붙잡아 바다에 집어넣으신 것이다. 요나가 그때 알았다. 바다에 던져져 물에 빠지는 순간 느낀 것이다.

'아, 이렇게 빠지는 건 아니었는데…. 실수했구나.'

기도하게 만드는 경험

대개 자살하는 사람의 착각은 자살이 끝이라고 생각한다는 것이다.

'에이, 이 험한 세상, 그냥 끝내지 뭐.'

끝낸다고 해서 끝났다고 생각하는가? 고등학교를 자퇴하면 그것으로 인생이 끝인가? 그다음에는 고등학교를 자퇴한 자신의 또 다른 인생이 기다리고 있다. 미치도록 공부가 하고 싶어서 공부하는 사람은 없다. 목사인 나도 성경이 항상 보고 싶어서 성경을 보는 것은 아니다. 성경을 보고 말씀을 전하고 하나님 앞에서 내가 해야 할 일을 해야 놀 수 있는 자격을 얻기 때문에 성경을 본다. 나도 놀 줄 아는 사람이다. 내 인생은 딱 두 가지로 나뉜다.

"열심히 설교하고, 미친 듯이 놀자!"

성경을 보면 은혜가 되고 좋지만 성경을 보지 않으면 제대로 놀

수가 없다. 미친 듯이 열정적으로 놀고 나면 다시 열심히 설교할 수 있게 된다. 그러다가 주님이 부르시면 주님 앞에 가면 되기 때문에 나에게는 공허함이란 것이 없다.

학생이 왜 공부를 하는가? 단지 공부가 좋아서 하는 것이 아니다. 하지 않으면 어떤 결과가 초래되는지, 어떤 대가를 치르게 될지 알기 때문에 공부하는 것이다. 그 결과를 모르는 것은 아직 경험해 보지 않은 것이다. 부모는 자신의 인생을 돌아볼 때 후회스럽기 때문에 자식에게 모든 것을 쏟아붓는다. 공부하라고 말한다. 이 말은 실전 경험에서 나오는 것이다. 인생이 그것으로 끝이 아니기 때문이다.

죽음도 마찬가지다. 끔찍한 세상을 등졌더니 더 끔찍한 것이 기다리고 있다면 어떻게 할 것인가? 돌아가지 못하는 세상, 다시 반복할 수도 없는 인생, 이것을 어떻게 자살하면 끝난다고 단순하게 생각하는가?

요나는 물에 빠져 죽으면 모든 것이 끝날 일이라고 생각했다. 그래서 하나님께서는 그를 얼마나 깊은 바다 밑으로 들어가게 하셨는지 모른다. 하나님은 요나를 가르치기 위해, 한 번에 확실히 경험하도록 하기 위해 깊은 물속에 던져 지옥을 경험하게 하신 것이다.

요나는 그때 비로소 기도하게 된다.

권위자의 경고와 권면을 듣는 지혜

사실 요나도 거기까지는 가지 말았어야 한다. 권면할 때 돌아오는 것이 지혜다. 돌이킬 수 있을 때 돌이키는 것이 지혜이기 때문이다. 나는 아이들에게 등하교 할 때는 언제나 큰길과 대로변으로 다니라고 말한다. 어두운 곳에는 항상 어두운 사람들이 있기 때문이다.

최근 뉴스를 접하다보면 동남아시아 여행지에서 여행객이 실종되는 사건, 인신매매니, 장기매매니 하는 온갖 흉흉한 소식들이 많다. 혼자서 해외 배낭여행을 다니는 청년들이 많은데 10번을 안전하게 여행했다고 해도 11번째 여행에서 사고를 당하면 그 한 번의 경험으로 인생을 그르칠 수 있다는 것을 기억해야 한다.

그래서 권위가 있는 것이다. '권위적'인 것은 나쁘지만 '권위'를 싫어해서는 안 된다. 권위란 분명히 알고 있다는 것이다. 그것이 어떤 것인지 그 결과를 알기 때문에 확실하게 이야기할 수 있는 것이 바로 권위다.

"뜨거우니까 가까이 가서는 안 돼."

아이에게 이렇게 말하는 것이 부모의 권위다. 하나님은 우리에게 권위가 있으시다. 우리 인생을 다 아시기 때문이다. 거기로 가면 왜 안 되는지 하나님은 정확히 아신다. 그래서 큰 상처를 입게 될 곳으로는 가지 못하게 하신다. 문제는 권위에 순종하지 않는 경험을 반복하게 될 때 하나님의 사람으로 자라나지 못하고 평생 하나님과 싸우는 존재가 되고 만다는 것이다. 그렇기 때문에 하나님께서 요나를 확실하게 다루시는 것이다.

"네 기질에 맞게 연단시켜주겠다."

이렇게 말씀하시는 것이다.

3절에서 요나는 하나님이 보내신 파도와 큰 물결이 자신을 덮쳤다고 했다. 순간 자신이 주님의 눈앞에서 쫓겨나는 느낌을 받았다.

> 4 내가 말하기를 내가 주의 목전에서 쫓겨났을지라도 다시 주의 성전을 바라보겠다 하였나이다 욘 2:4

그는 '영적 단절감'을 느꼈다. 하나님께서 자신을 버리기로 작정하셨다는 느낌을 받은 것이다. 하지만 생각해보라. 하나님께서 요나를 죽이기로 작정하셨다면 요나에게 이런 고난을 겪게 하실 필요가 없다. 바다에 빠뜨리자마자 숨이 막혀서 죽게 하면 그만이다.

요나도 그것을 느끼기 시작했다. 하나님께서 자신을 하나님 앞에 살게 하시려고, 자신을 바꾸시려고 그렇게 하신다는 것을 알고 주의 눈앞에서 쫓겨난 것 같은 그때 다시 주님을 바라보겠다고 한다. 주님의 얼굴을 피해 배 밑으로 내려가 잠들어버렸던 요나가 바다 밑바닥까지 내려가 죽을지도 모르는 그때 다시 주님을 바라보겠다고 마음먹게 되는 이 경험이 바로 은혜다.

나긋나긋해지기

우리 하나님은 무서운 분이시다. 하나님은 우리가 단절감을 느끼다 못해 더 깊은 것도 느끼게 만드신다. 바닥을 칠 만큼 내려가게 하신다. 빗장을 질러 땅에 가둘 것처럼 막으신다. 하나님께서 마지막으로 요나를 푹 절이시는 것이다.

> 5 물이 나를 영혼까지 둘렀사오며 깊음이 나를 에워싸고 바다풀이 내 머리를 감쌌나이다 6 내가 산의 뿌리까지 내려갔사오며 땅이 그 빗장으로 나를 오래도록 막았사오나 나의 하나님 여호와여 주께서 내 생명을 구덩이에서 건지셨나이다 욘 2:5,6

김치를 담그려면 배추를 소금에 절여야 한다. 그래야 숨이 죽어서 나긋나긋해진다. 나긋나긋해져야 좋다. 그래야 복이 된다. 말도 나긋나긋하게 해야 한다. 다른 사람에게 까칠하게 말하지 말라. 나긋나긋한지 까칠한지는 자신이 잘 안다.

모르겠으면 주위에 있는 세 사람에게 물어보라.

"내 말투가 어때?"

그런데 세 사람이 다 차마 말을 못하면 까칠한 것이다. 또 세 사람 다 까칠하다고 말하면 그것은 정말 까칠한 것이다. 오죽 까칠하면 그 말을 하겠는가. 우리는 나긋나긋해져야 하나님과 같이 갈 수 있다.

이젠 완전히 끝났다고 생각할 만큼 요나가 푹 절여졌을 때 물고기가 와서 요나를 삼켰고, 거기서 요나는 기도하기 시작한다.

1 요나가 물고기 뱃속에서 그의 하나님 여호와께 기도하여 욘 2:1

기도란 무엇인가? 하나님의 뜻대로 살겠고 하나님을 의지하겠다는 것이다. 이렇게 요나가 바뀌었다. 그럼 요나가 푹 절은 경험이 나쁜 경험인가? 지금 하나님이 너무하신다고 생각하는가? 그렇지 않다.

나는 몇 년짜리인가?

나는 서른 살에 신학교에 들어갔다. 처음 학교에 가서 합격증을 받아 들었을 때 이런 생각을 했다.

'내가 얼마나 셌기에, 얼마나 곧장 가면 안 되는 사람이기에 하나님께서 나를 스무 살이 아니라 서른 살에 신학교에 넣으셨을까. 10년은 연단시켜야만 하나님의 종이 될 것 같으니까, 내게 그 시간이 필요했구나.'

그래도 나는 하나님께 감사했다. 20년이 안 걸리고 10년 만에 신학교에 가게 하시니 얼마나 감사했는지 모른다. 모세는 40년이 걸렸다. 얼마나 셌으면! 하나님께서 바로의 공주의 아들로 자란 모세의 똑똑함과 기(氣)를 꺾으시기 위해 그를 광야에서 40년간 절이셨다. 왜냐하면 그래야 그 입에서 기도가 나오고 하나님을 의지하기 때문이다.

내가 청년일 때 10년이라는 시간 동안 겪은 어려움도 화(禍)가 아니었다. 그 시간이 나를 사람으로 만들었다. 그 시간 동안 나는 내가 얼마나 센 사람인지 경험했다. 내가 어떤 기질을 가진 사람인지 알았다. 나 같은 존재도 만들어 가시는 하나님이심을 배웠다. 물론 하나님 앞에 "배 째요!" 하기도 했다. 마음대로 하시라고 하기도 했다. 그런데 하나님은 진짜 마음대로 하셨다.

내 소리가 작아졌다.

"마음대로 하란다고 그렇게 하시나요?"

"아니 뭐 그렇게…."

"하나님, 왜 그러세요?"

이제는 타협이 시작됐다.

"하나님, 죄송해요."

하나님이 인식되기 시작하고 하나님께 고개를 숙이고 하나님 앞에 무릎을 꿇기까지 하나님을 배워야 비로소 기도가 시작되는 것이다.

하나님께서 요나를 바다에 던지시자 요나는 하나님의 말씀을 떠올렸다. 탕자가 집을 나가 쥐엄 열매로 배를 채우는 신세가 되자 비로소 아버지 집이 생각나는 것처럼, 하나님의 얼굴을 피해 정반대로 갔던 선지자가 이제야 말씀이 생각나서 돌아오기 시작했다. 이것이 하나님의 은혜다.

요나서 2장 2절은 시편 120편 1절을, 3절은 시편 42편 7절을 인용한다.

> 내가 환난 중에 여호와께 부르짖었더니 내게 응답하셨도다 시 120:1

> 주의 폭포 소리에 깊은 바다가 서로 부르며 주의 모든 파도와 물결이 나를 휩쓸었나이다 시 42:7

하나님이 이끄시는 대로

우리는 좋은 경험을 하기 원한다. 무슨 일이든 잘되기를 바란다. 그러나 이런 경험으로는 하나님을 배울 수가 없다. 내가 아는 S선교사와 교제하다가 그 선교사님이 선교지에서 자라는 자신의 자녀들을 측은하게 바라본다는 것을 알았다. 마땅한 놀이가 없어서, 친구가 없어서, 형제자매끼리 싸우고 맞고 때리고 도망 다니면서 자라는 아이들에게 꽤나 미안했던 모양이다.

하지만 나는 그렇지 않다고 말해줬다. 한국에 있는 아이들이 무엇을 가지고 노는가? 스마트폰, 게임, 컴퓨터, 이것은 다 타락의 도구다. 그것을 누리고 있다고 착각하지 말라. 컴퓨터를 하면서 놀지 못한다고, 나무젓가락으로 새총을 만들며 논다고 선교사님의 자녀들이 불쌍한 것이 아니다. 건전하게 잘 자라고 있는 것이다.

우리가 이 세상을 살아가면서 영어를 못하면 안 되고, 음악을 못하면 안 되고, 스펙이 없으면 안 된다고 생각할 때가 많다. 그러나 이것은 모두 세상적인 것이다. 우리의 인생은 하나님께서 인도하신다. 그 방법이 제일 정확하다.

악보도 제대로 그릴 줄 모르고 어려운 코드도 모르는 '악동뮤지션'(서바이벌 오디션 프로에서 우승한 선교사 자녀(MK) 출신 가수)을 보라. 그들은 정규 음악 교육을 받은 적이 없다. 아마 황량한 몽골에서 두 아이가 기타 하나를 가지고 그냥 노래하며 놀았을 것이다. 그 아이들이 이렇게까지 될 줄 어떻게 알았겠는가. 하나님이 경험시키고 만드시는 것을 우리는 다 모른다. 그러나 하나님이 인도하신 것이 가장 정확하다.

우리는 자신의 자녀가 다르게 자라기를 원하면서 다르게 키울 생각은 하지 않는다. 믿음으로 키울 생각을 안 한다. 우리의 인생이 하나님께 있고 내 자녀의 인생 또한 하나님이 인도하신다는 것을 믿지 않는다. 하나님께서 우리에게 경험하게 하신 것들을 통해 합력하여 선(善)을 이루어주시는 분이라는 것을 믿지 않는다. 그러면 우리는 원망하다가 물에 빠지고 불평하다가 물에 빠지는 인생에 머무를 수밖에 없다.

어떤 인생을 살고 싶은가? 하나님이 우리에게 인생을 경험시키실 때가 있다. 이해할 수 없는 아픔을 겪을 때가 있고, 슬플 때가 있고, 노여울 때가 있다. 그럴 때 우리는 우리의 인생 가운데 그것을 있게 하신 분이 하나님이심을 인정하고 하나님을 믿고 넘어가야 한다. 우리가 경험하게 된 인생의 상황 때문에 하나님 앞에 나아가 기도하고 주님의 말씀을 붙잡는 기회로 삼아야 한다.

요나는 바다 맨 밑바닥까지 내려갔을 때에도 하나님을 놓지 않았다. 그 상황 때문에 기도하게 되었고 주의 말씀을 떠올렸다. 바로 그것이 요나가 주님 앞에 갈 수 있는 힘이 되었다. 그래서 경험은 좋은 것이다. 내 인생에서 가장 아픈 순간이 나를 만들고, 내 인생에서 가장 복되다고 여기는 순간이 나를 타락시킨다. 이 점을 명심하라.

하나님께서 내 인생 가운데 나를 세워주실 것을 믿어라. 하나님은 신실하시고 실수가 없으시다. 비록 내가 지금 이해하지 못하는 과정 가운데 있고, 어려운 건강과 재정과 환경 중에 있을지라도 우리 하나님은 이 과정과 경험을 통해서 나를 더 멋지게 만들어 가시는 분이다.

요나서 1:17-2:9

여호와께서 이미 큰 물고기를 예비하사 요나를 삼키게 하셨으므로 요나가 밤낮 삼 일을 물고기 뱃속에 있으니라 요나가 물고기 뱃속에서 그의 하나님 여호와께 기도하여 이르되 내가 받는 고난으로 말미암아 여호와께 불러 아뢰었더니 주께서 내게 대답하셨고 내가 스올의 뱃속에서 부르짖었더니 주께서 내 음성을 들으셨나이다 주께서 나를 깊음 속 바다 가운데에 던지셨으므로 큰 물이 나를 둘렀고 주의 파도와 큰 물결이 다 내 위에 넘쳤나이다 내가 말하기를 내가 주의 목전에서 쫓겨났을지라도 다시 주의 성전을 바라보겠다 하였나이다 나를 영혼까지 둘렀사오며 깊음이 나를 에워싸고 바다풀이 내 머리를 감쌌나이다 내가 산의 뿌리까지 내려갔사오며 땅이 그 빗장으로 나를 오래도록 막았사오나 나의 하나님 여호와여 주께서 내 생명을 구덩이에서 건지셨나이다 내 영혼이 내 속에서 피곤할 때에 내가 여호와를 생각하였더니 내 기도가 주께 이르렀사오며 주의 성전에 미쳤나이다 거짓되고 헛된 것을 숭상하는 모든 자는 자기에게 베푸신 은혜를 버렸사오나 나는 감사하는 목소리로 주께 제사를 드리며 나의 서원을 주께 갚겠나이다 구원은 여호와께 속하였나이다 하니라

06 chapter
사람을 변화시키지 않고는
일하시는 법이 없어

요나를 오해하지 말라

요나에 대한 가장 큰 오해는 그가 감정 기복이 심한 사람이라 생각한다는 것이다.

하나님께서 요나에게 니느웨로 가라고 말씀하셨지만 그는 배를 타고 반대편 다시스로 도망간다. 자신으로 인해 풍랑이 왔을 때에도 니느웨로 돌아가는 것이 아니라 자신을 바다에 던지라고 말한다. 물에 빠졌다가 밤낮 삼 일을 물고기 뱃속에 있을 때 회개의 기도를 드리며 하나님 앞에 쓰임 받게 되었는가 싶더니, 사흘 길이나 되는 큰 성읍 니느웨에 가서 하루 동안만 하나님의 말씀을 외쳤다. 니느웨가 회개하여 하나님이 뜻을 돌이켜 재앙을 내리시지 않자 그 일에 매우 화를 냈다.

그러나 이것은 요나의 급격한 감정 변화가 아니라 요나가 하나님과 싸우고 있는 것이다. 이 요나에게 절대 변하지 않는 질문 한 가지가 있다.

"하나님, 왜 니느웨입니까? 왜 니느웨를 변화시키십니까? 왜 이스라엘을 괴롭히는 이방 민족을 잘되게 하십니까?"

북이스라엘은 실제로 앗수르에 의해 멸망당한다. 우리도 요나와 다를 바 없다. 우리 편에서 볼 때 이렇게 바꿔볼 수도 있다.

"하나님, 왜 중국을 잘되게 하십니까?"

나는 정말 중국이 일어나는 것이 두렵다. 역사상 중국이 일어났을 때 우리나라에 좋은 일은 별로 없었다. 그렇기 때문에 우리나라와 민족을 위해 더 기도하게 된다. 그렇다고 해서 우리가 중국에 복음을 안 전해서도 안 된다. 왜냐하면 인구수로 보나 종교 국가적인 형태로 보나 이슬람을 상대할 수 있는 유일한 나라가 중국이기 때문이다. 그렇기 때문에 중국은 기독교 국가가 되어야 한다. 하지만 비단 중국이 기독교 국가가 되어야 한다는 문제만은 아니다. 중국의 강함이 우리나라의 약함을 가져올 수 있기 때문이다.

우리나라와 중국은 모두 이방나라이기 때문에 상관이 없지만 이스라엘은 다르다. 유대인은 아브라함과 이삭과 야곱의 자손이라는 선민(選民)이다. 그렇기 때문에 요나는 선민 이스라엘을 위협하는 니느웨를 절대 구원해서는 안 된다고 하고 도주한 것이다.

하나님의 예비하심은 어디까지인가?

그러나 하나님은 작정하셨고 요나 역시 그것을 깨달았다. 요나서 1장 17절을 보면 하나님께서 '이미' 큰 물고기를 예비하셨다고 나온다. 이 말은 하나님께서 요나가 죽을지언정 못 가겠다고 하고 바다에 빠질 것을 아셨다는 말이다. 풍랑을 만나면 회개하고 돌이킬 줄 알았는데 요나가 바다에 빠지니까 하나님이 순간 당황하셔서 급히 큰 물고기를 부르신 게 아니라, 요나가 빠질 것을 미리 아시고 요나를 통째로 삼켰다가 토해낼 만큼 큰 물고기를 이미 예비하신 것이다.

"요나 얘는 바다에 빠지고 말 거야. 돌이키지 않아."

하나님은 큰 물고기가 요나를 삼키기 전에 이런 사전 작업까지 해두셨다.

> 3 주께서 나를 깊음 속 바다 가운데에 던지셨으므로 큰 물이 나를 둘렀고 주의 파도와 큰 물결이 다 내 위에 넘쳤나이다 5 물이 나를 영혼까지 둘렀사오며 깊음이 나를 에워싸고 바다풀이 내 머리를 감쌌나이다 욘 2:3,5

요나는 바다에 빠지자마자 이것이 하나님이 하시는 일이라는 것을 알았다. 깊은 바다 한가운데 던져졌는데도 숨이 차서 금세 죽지도 않고, 쉴 새 없이 바닷물을 마시고, 바다풀에 머리를 감아 돌리는

데도 죽지 않으니 말이다. 다시 말하면 하나님께서 죽이지 않으려고 작정하셨다는 말이다.

"너, 안 죽어!"

하나님께서 요나를 강권적으로 물고기 뱃속에 들어가게 하실 때 요나는 하나님의 의지를 깨달았다. 하나님이 작정하셨다면 이 문제를 그냥 넘어가지 않으시리라는 것, 요나 한 사람을 죽이고 끝내려는 것이 아니라 결단코 요나를 니느웨로 보내어 하나님의 심판을 선포하게 하시려는 하나님의 마음을 바꿀 수 없다는 것을 알았다.

'아, 하나님이 작정하셨구나. 내가 가야 되는구나.'

그래서 기도하게 되었다.

하나님이 만지셔야 변화된다

그러면 하나님은 왜 이 문제로 요나와 끝까지 싸우기로 작정하셨을까? 하나님은 왜 요나에게 죽음의 문턱까지 가는 물고문을 시키셨을까?

우리는 우리 자신을 모른다. 우리는 쉽사리 변하는 존재가 아니다. 그러면 언제 변하는가? 고통을 당할 때 변한다. 흔히 성령께서 역사하셔도 못하는 것이 있는데, 바로 그것이 목사를 변화시키는 일이라는 말이 있다. 목사가 얼마나 세기에 그럴까? 얼마나 말씀을 많이 보고 기도를 많이 하는데 그토록 변화되기 어렵다고 하는 것일까?

하지만 그렇게 센 목사도 깨어질 때가 있다. 그냥은 깨어지지 않는다. 그동안 자신이 해온 사역이 실패하고 모든 노력이 수포로 돌아갈 때 목사는 깨어진다. 그만큼 인간은 변화되기 어렵다.

오죽하면 이런 예화도 있다. 평신도가 천국에 갔더니 하나님이 "응, 왔니?" 하고 문 앞에서 맞아주신다. 그런데 장로가 천국에 오면 문을 열고 맞아주시고, 목사가 천국에 오면 하나님께서 맨발로 뛰어나가 목사를 꼭 안아 맞아주신다는 것이다.

그러자 그곳에 있던 한 평신도가 하나님께 물었다.

"하나님, 어떻게 그러실 수 있습니까? 세상에서 직분으로 차별받았는데 천국에서도 목사와 평신도를 가르십니까?"

그러자 하나님이 이렇게 대답하셨다.

"목사가 너무 오래간만에 와서 그래. 네가 이해해라."

그만큼 사람은 안 변한다. 사람은 직분이 있다고 해서, 오래 살았다고 해서 변화되는 것이 아니다. 하나님이 그를 만지셔야 하고 하나님이 만지신 자만 변화되는 것이다.

하라면 해야 한다

겉보기에 외향적으로 보여도 나는 매우 내성적인 사

람이다. 혼자서는 밥도 못 먹을 정도다. 나는 청년 때 율동하면서 찬양하는 것이 어려웠다. 게다가 오래 하면 미쳐버릴 것만 같았다. 또 예배 인도자가 양옆에 있는 분과 인사하며 축복하자고 할 때도 어려웠다. 그래서 안 했다. 나는 요나처럼 굉장히 고집 센 사람이다.

그런데 어느 순간 하라면 해야 한다는 것을 깨달았다. 왜냐하면 신앙생활은 내게 있는 종교적인 모습이 아니기 때문이다. 신앙생활을 하면서 자신이 갖게 된 습성, 행동양식이 자신이 소유한 경건이라고 착각해서는 안 된다. 바리새인들이 바로 이것을 놓쳤다. 하나님이 주시는 마음이 아니라 신앙의 모양과 형식만 있다면 망가질 수밖에 없다.

우리는 자신이 살아온 방식에 익숙하다. 그동안 해온 것에 익숙해서 찬양도, 예배 순서와 예배 시간도 자신이 익숙한 데서 벗어나기를 원하지 않는다. 하지만 분명한 것은 우리에게 익숙한 방식, 내가 해온 방식만이 하나님이 받으시는 경건이라 고집해서는 안 된다는 점이다. 요나가 지금 이 싸움을 하고 있다.

하나님이 이스라엘 민족을 택하신 데는 그 나라와 민족을 통해 행하고자 하시는 하나님의 뜻이 있었다. 그런데 이스라엘은 그것이 자기 복이고 자기 자랑이며 자기들만을 위한 것으로 착각하기 시작했다. 자신들은 은혜 받아야 마땅하고 하나님 안에 있어야 하지만 니느웨는 변화되어서는 안 된다고 하는 것이다. 틀어졌다.

신앙이란 하나님을 중심으로 하나님을 따라가는 것이다. 그런데 요나가 자기중심으로 하나님을 맞추게 되자 하나님 앞에서 당당하게 "싫어요" 하고 하나님을 떠나간다. 하나님의 마음을 알면서도 바다에 빠지는 고집까지 부리는 지경에 이른다.

신앙생활을 하면서 "나는 그거 싫어"라는 말을 조심하라. 그 말 한마디가 하나님이 우리를 지옥문 앞까지 갔다 오게 하시는 연단의 빌미가 될 수 있다. 집사람은 '절대'라는 단어를 쓰지 않는다. 왜냐하면 하나님께서 그 말을 모두 깨뜨리셨기 때문이다.

"난 부모님이 반대하는 결혼은 절대 안 해."

그러나 아내와 내가 연애하는 기간 내내 부모님이 반대하셨다.

"난 키 작은 남자와 절대 결혼 안 해."

그래서 아내는 나처럼 키 작은 사람을 남편으로 맞이했다. 자신이 '절대'라고 말하는 것이 고집이다. 자신을 주장하고 살아온 영역이다.

단 한 가지 이유 때문에 주님을 반대하다

영생을 얻고자 예수님을 찾아온 부자 청년에게 예수님이 "네가 생명에 들어가려면 계명들을 지키라"고 말씀하시자 그는 모든 계명을 다 지켰다고 말했다.

> 이 모든 것을 내가 지키었사온대 아직도 무엇이 부족하니이까
> 마 19:20

그 말을 들은 예수께서 이렇게 말씀하셨다.

> 네가 온전하고자 할진대 가서 네 소유를 팔아 가난한 자들에게 주라 그리하면 하늘에서 보화가 네게 있으리라 그리고 와서 나를 따르라 마 19:21

그 청년은 이 말씀을 듣고 근심하며 갔다. 그에게 재물이 많았기 때문이다. 그 청년은 모든 계명을 다 지켰으나 단 한 가지 이유로 예수님에게서 돌아서게 되고 결국 주님의 반대편에 서게 된 것이다. 내가 절대 싫다고 하는 그 한 가지 이유 때문에 주님의 반대편에 설 수 있음을 명심하라.

신앙이란 주님을 반대하며 서는 것이 아니라 주님을 좇기 위해 내 몸을 쳐서 복종시키는 것이며 십자가를 지는 것이다. 그런데 선지자인 요나가 주님의 반대편에 섰다. 그럼에도 불구하고 하나님은 이를 인정하고 받아들이셨다. 그가 선지자라 할지라도 인간이기 때문이다.

인간은 하나님이 아니다. 알파와 오메가이신 하나님처럼 모든 것을 아는 것이 아니다. 우리는 경험한 것을 알 뿐이다. 하나님은 이

경험을 통해 우리를 만들어 가신다.

하나님은 우리에게 관심이 있으시다!
　　　　　그런데 이 싸움에 특징이 있다. 요나는 니느웨를 바라보고 싸운다. 마치 요나와 니느웨의 싸움 같다. 하나님이 니느웨로 가라고 하시는데 안 가고 싸운다. 요나는 하나님도 니느웨를 바라보신다고 생각한다. 그런데 하나님은 니느웨가 아니라 요나를 바라보고 계신다. 요나와 싸우신다.

둘로스선교회가 올해로 20년이 되었다. 10년간 순종을 배웠고, 10년간 하나님의 사역을 위한 준비 훈련을 했다.

처음 '둘로스'라는 이름으로 여러 지체가 생겼을 때 설악산으로 엠티를 다녀왔는데, 다녀오고 난 뒤 피치 못할 사정으로 몇 사람이 선교회를 떠나게 되었다. 그러기를 수차례, 반이나 되는 수의 지체가 나가면서 나는 충격을 받았다. 주님 안에서 교제하지 않는 것은 세상적인 교제와 같으며 인간적인 친목만으로는 둘로스가 지속될 수 없다는 것을 깊이 깨달았다.

그다음부터는 전도사라는 인재들이 모였으니 전도여행을 가기로 계획했고 마침내 연평도와 거금도에서 전도여행을 시작하게 되었다. 처음 연평도에 가고자 했을 때의 일이다. 안개 때문에 배가 출항하지 못해 비를 맞으면서 인천을 돌아다니며 전도했다. 이튿날에도 사정은 마찬가지였다.

원래 전도여행은 3박 4일 일정이었다. 그래서 이제 섬으로 들어가 하루만 전도할 것인지 일정대로 전도할 것인지 결정해야 했다. 만일 제시간에 섬을 나오지 못할 경우 40명 전원이 교회에 가지 못하는 사태가 일어날지도 몰랐다.

결국 밤배로 섬에 들어가 한 끼 식사를 한 뒤 다음 날 온종일 금식하며 전도하고 섬을 나오게 되었는데 모두 탈진해버렸다. 그런 상태에서 그냥 헤어지기가 아쉬워 월미도 놀이공원에서 놀이기구를 타며 회포를 풀기로 했고 모두 찬성했다. 우리는 모두 신나게 놀았다.

그런데 두 사람에게 약간의 사고가 발생했다. 누구의 잘못일까? 내 잘못이다. 내가 리더로 좀 더 분별력 있게 행동했어야 했는데 그렇지 못했기 때문이다.

나는 하나님 앞에 기도했다.

"하나님, 저희가 3박 4일을 충성했습니다. 비를 맞으며 인천에서 전도했고 거의 굶어가며 연평도에서도 복음을 전했습니다. 그리고 딱 3,40분 놀았을 뿐인데 하나님, 왜 이런 일이 있나요?"

그때 하나님이 내게 말씀해주셨다.

"남국아, 너희는 연평도에 관심이 있니? 나는 둘로스에 관심이 있다. 내가 끝내야 끝나는 거다. 너희는 둘로스(doulos)란다. 종은 자기 마음대로 결정해서는 안 된다. 내가 가라고 하면 가고 서라고 하면 서야 한다. 나는 아직 전도여행을 끝내지 않았다. 너희가 끝났다고 생각하고, 너희가 마무리하고 놀았을 뿐이다."

이 말씀을 듣고 나는 4시간을 울면서 회개기도를 했다.

사랑하시기 때문이다

하나님은 우리에게 관심이 있으시다. 나에게 관심이 있으시다. 하나님은 요나에게 관심이 있으시다. 하나님은 니느웨를 변화시키고 싶으신 것이 아니라 요나를 변화시키고 싶어 하신다.

니느웨는 하나님이 사랑하시는 모든 것 중 하나에 불과하다. 하나님이 택하신 자가 하나님 앞에 온전하지 않은데 어떻게 그를 통해 하나님이 일하실 수 있겠는가. 그런데도 우리는 다른 데 관심을 가지고 살아간다. 자신의 편함만 생각한다.

우리는 하나님께 이런 질문을 한다.

"하나님, 왜 저는 이런 환경 가운데 있습니까? 왜 제 주위에 이런 사람을 붙이셨습니까?"

이 질문에 대한 답은 한 가지뿐이다. 하나님께서 우리에게 관심이 있으시니까, 우리를 만들어 가시려고 그런 환경, 그런 사람을 붙여주신 것이다. 우리가 하나님의 사람이 되어야 하나님의 소망과 기쁨이 되고 온전한 하나님의 통로가 되기 때문이다.

그런데 요나는 착각하고 있다. 하나님은 자신이 아니라 니느웨에 관심이 있다고 생각한다. 그러나 하나님은 요나에게 관심이 있으시다. 요나를 변화시키기 원하신다. 그래서 요나를 바다에 넣으신 것이다. 하나님은 요나가 어떤 사람인지 아신다. 다른 말로 하면 요나를 사랑하신다.

하나님에게 사람이 없겠는가? 니느웨로 가서 하나님의 말씀을 선포할 사람이 없는 것이 아니다. 하나님의 말씀을 거역한 요나를 당장 죽여 없애버리지도 않으신다. 하나님께서 요나를 붙들고 씨름하시는 것은 요나를 사랑하시기 때문이다. 하나님은 우리가 어떤 존재인지 알면서 그래도 사랑하신다. 사랑하시니까 변화시키고 싶고 사랑하시니까 매를 드시는 것이다.

우리는 옆집에 사는 아이가 공부 안 한다고 매를 들지는 않는다. 오히려 인사 잘한다, 건강하다고 칭찬한다. 왜냐하면 관심이 별로 없기 때문이다. 자기 아이가 건강하고 인사만 잘하면 그런 말이 나오지 않는다. 내 자식은 공부도 잘해야 한다고 생각한다. 왜냐하면 내 자식이기 때문이다.

건강하고 인사 잘하는 것도 좋지만 그것만으로는 부족하다는 것을 안다. 공부 잘해서 실력을 갖춰야 잘 살아갈 능력이 생기기 때문이다. 그래서 야단도 치고 잔소리도 하고 벌도 세우는 것이다. 자기 자녀를 사랑하기 때문에 하는 일이다. 하나님도 요나를 통해 이 말씀을 하고 계신다.

연단하시는 하나님

요나서 2장은 하나님 앞에 만들어진 요나의 기도로 시작되었다. 더욱이 요나는 하나님께서 이런 상황을 만드셨다는 것을 알았다. 자신은 여전히 물고기 뱃속에 있지만 하나님께서 물고기 뱃속에서 자신을 죽이려 하시는 것이 아니라 기다리신다는 것을 알았다.

> 7 내 영혼이 내 속에서 피곤할 때에 내가 여호와를 생각하였더니 내 기도가 주께 이르렀사오며 주의 성전에 미쳤나이다 욘 2:7

요나는 지쳤다. 지쳐서 기도할 힘도 없어 속으로 하나님을 생각하기만 했는데, 그것이 성전에까지 이르는 기도가 되어 주님이 들으신다고 한다. 우리가 살면서 기도하지 못할 때가 있다. 하나님이 나를 만드시는 과정 가운데 숨이 차서 "주여!"만 외치거나 한숨만 쉴 때도 있다. 그렇지만 그 순간에도 우리가 하나님을 바라보면 그것이 하나님께 상달된다. 하나님을 바라보는 것이 바로 기도이기 때문이다.

하나님은 요나를 '연단'하셔서 요나가 다시 하나님을 바라보도록 만드셨다. 연단한다는 것은 "경험한다"는 뜻이 있다. 우리는 이 땅에서 경험해야 한다. 하나님은 그냥 만들지 않으신다. 우리는 경험해야 만들어진다.

> 다만 이뿐 아니라 우리가 환난 중에도 즐거워하나니 이는 환난은 인내를, 인내는 연단을, 연단은 소망을 이루는 줄 앎이로다 롬 5:3,4

'환난'은 외적 환경에서 따라오는 괴로움이다. 그런데 우리는 환난 중에서도 즐거워해야 한다. 가난을 기뻐하고 궁핍을 자랑해야 한다. 왜냐하면 환난이 '인내'를 이루기 때문이라고 한다. 견딘다는 말이 소극적인 단어라면 우리가 무엇을 인내한다는 것은 그 이상으로 적극적인 의미가 있다. 확고부동(確固不動)하다는 것이다.

자신에게 환난이 찾아올 때 그것을 버티면 상(賞)이 있다는 것을 아는 것이다. 고3 아이들이 도서관에서 의자에 엉덩이를 오래 붙이고 앉아 열심히 공부하는 것도 그것이 어떤 결과를 가져오는지 알기 때문이다. 그러니까 인내는 매우 적극적인 행동이다.

'연단'이란 사용할 물건이나 사물이 인정할 만한 품질인지를 아는 것으로 불 속에서 단련되어 불순물이 빠진 정금(正金) 같은 상태를 말한다. 연단한다는 것은 경험한다는 뜻이 있다고 했듯이 그냥 알 수 있는 것은 아니다. 경험해야 아는 것이다. 하나님이 우리에게 경험을 시키실 때 우리가 하나님 앞에서 확고부동하게 버티면 인정받을 만한 인격으로 정금같이 나오게 되는 것이다.

이 연단은 '소망'을 만들어낸다. 소망은 "기대한다"는 뜻으로, 우리가 주님 앞에 더 좋은 것을 바라보고 기대하게 된다는 뜻이다. 우리가 더 좋은 것을 바라보고, 주님을 바라볼 때 좋은 것을 받을 것이라 기대하는 것이다.

　마지막으로 "이루는 줄 앎이로다"라고 했는데 이것은 현재 시제로, 하나님께서 우리의 인생 가운데 계속해서 환난을 가져오신다는 것이다. 하나님은 궁핍함과 어려움을 주기도 하시고 우리 옆에 까칠한 자를 붙이기도 하신다. 하지만 우리가 그것을 확고부동하게 버티면, 하나님은 우리를 훌륭한 그리스도의 인격으로 만들어 하나님이 우리에게 주실 좋은 것을 바라보고 기대하게 하신다.

환난을 신속히 통과하는 법

하나님께서 요나에게 하신 일도 이와 같다. 우리를 물속에 넣거나 바다풀로 목을 감거나 물고기 뱃속에 넣기도 하시는 것은 다 하나님을 바라보게 하기 위해서다.

　그런데 요나는 니느웨로 가라는 하나님의 말씀을 듣고 다시스로 도망갔다. 하나님 앞에서 확고부동하게 이 문제를 풀어야 했는데 회피하고 말았다. 그렇지만 우리가 하나님을 떠나면 아무 소망이 없다.

　이때 하나님이 다시 요나를 붙잡으셨다. 요나를 돌이키고자 하는 하나님의 의지를 보이시고 다시 경험시켜서 요나를 만들기 원하신 것이다. 요나는 그 하나님의 의지를 알게 되자 기도하기 시작했다. 다시 하나님께 나아가게 되고, 자신이 받은 은혜를 생각하게 되어 감사하게 되었다. 이렇게 신앙은 저절로 자라나지는 않는다.

환난을 빨리 통과하는 방법이 있다. 환난의 자리에 흔들림 없이 굳게 서서 감사하라. 다른 누가 아니라 자신을 바꾸어야 한다. 자신이 변화되어야 한다. 그 환경 속에서 내가 하나님의 사람으로 바뀌기 시작하면 하나님은 그때부터 일하기 시작하신다. 하나님께서는 하나님의 사람을 변화시키지 않고 일하시는 법이 없다. 하나님이 하나님의 사람을 연단하시려고 하면 환경과 사람을 통해 연단하시는데 우리는 그 과정을 받아들여야 한다.

한때 나도 까칠했다. 어렵고 힘들게 산 사람은 일단 말이 좋게 나가지 않는다. 까칠하다. 그런데 어려움을 겪어보니 다른 사람의 어려움을 알게 되었고, 힘들어보니 다른 사람이 힘들다는 것도 알게 되었다.

청년 시절에 나는 헌금할 돈이 없어서 헌금 봉투에 내 이름을 써 내는 것이 너무나 부담스러웠다. 100원 헌금하고 1,000원 십일조 내는 것이 몹시 부끄러웠다. 하지만 내게는 그것이 과부의 두 렙돈이었다. 주내힘교회 봉헌함이 예배당 뒤에 있는 것도, 내가 말씀을 전하기 전에 헌금에 대해 기도하는 것도, 성전을 이전할 때 헌금을 무기명으로 한 것도 다 나의 경험에서 나온 것이다.

하나님이 주신 어려움, 지금 자신이 하는 경험을 감사함으로 받으라. 그럴 때 환난을 빨리 넘어갈 수 있다. 하나님은 우리를 하나님의 사람으로 만들기로 작정하셨다. 불평과 원망을 하는 순간 우리는 낙제다.

우리가 만들어지는 것은 현재 진행형이다. 환경과 어려움의 문제 앞에 휩쓸리지 않고 하나님만 붙잡아라. 우리가 변화될 때 우리의 변화를 통해 하나님께서 놀라운 일들을 행하실 것이다.

요나서 2:10-3:8

여호와께서 그 물고기에게 말씀하시매 요나를 육지에 토하니라 여호와의 말씀이 두 번째로 요나에게 임하니라 이르시되 일어나 저 큰 성읍 니느웨로 가서 내가 네게 명한 바를 그들에게 선포하라 하신지라 요나가 여호와의 말씀대로 일어나서 니느웨로 가니라 니느웨는 사흘 동안 걸을 만큼 하나님 앞에 큰 성읍이더라 요나가 그 성읍에 들어가서 하루 동안 다니며 외쳐 이르되 사십 일이 지나면 니느웨가 무너지리라 하였더니 니느웨 사람들이 하나님을 믿고 금식을 선포하고 높고 낮은 자를 막론하고 굵은 베 옷을 입은지라 그 일이 니느웨 왕에게 들리매 왕이 보좌에서 일어나 왕복을 벗고 굵은 베 옷을 입고 재 위에 앉으니라 왕과 그의 대신들이 조서를 내려 니느웨에 선포하여 이르되 사람이나 짐승이나 소 떼나 양 떼나 아무것도 입에 대지 말지니 곧 먹지도 말 것이요 물도 마시지 말 것이며 사람이든지 짐승이든지 다 굵은 베 옷을 입을 것이요 힘써 하나님께 부르짖을 것이며 각기 악한 길과 손으로 행한 강포에서 떠날 것이라

07 chapter
하나님의 눈으로 보는
싸움을 해

요나의 속셈?

이 본문은 요나서를 보면서 내가 가장 이해할 수 없었던 부분이다. 요나는 하나님의 말씀에 순종해야 하는 선지자이지만, 이스라엘에게는 치명적인 니느웨로 가서 말씀을 선포하여 그들을 회개시키라는 하나님의 명령에 불순종하여 반대로 도망쳤다.

"안 돼요. 못해요."

하나님의 얼굴을 피해 배 밑으로 숨었다. 폭풍을 만나자 바다에 빠져 죽으면 죽었지 못한다고 계속 고집을 피웠다.

"그래도 안 돼요. 차라리 죽이세요."

물에 빠져서 죽음 직전에 이르는 고통을 겪으며 물고기 뱃속에 들어가서야 비로소 회개의 기도를 했다. 그런 일들을 경험하면서 요나는 하나님이 이 일을 얼마나 원하시는지 알았다.

나는 이런 요나의 행동을 어느 정도는 이해할 수 있다. 그런데 그렇게 살아서 니느웨로 갔으면 적어도 그곳에서 제대로 복음을 전해야 한다. 그러나 요나는 그렇게 하지 않았다. 나는 이 부분이 가장 이해하기 어려웠다.

만일 내가 어떤 말씀 집회의 강사로 가서 15분 정도 설교한 다음 그냥 아무렇게 살라고 얘기하고 마무리 기도도 하지 않은 채 돌아갔다고 생각해보라. 지금 요나가 이런 말도 안 되는 일을 하고 있는 것이다.

³ 요나가 여호와의 말씀대로 일어나서 니느웨로 가니라 니느웨는 사흘 동안 걸을 만큼 하나님 앞에 큰 성읍이더라 욘 3:3

니느웨는 세계 패권을 주도한 앗수르 제국의 수도로, 성을 한 바퀴 돌려면 꼬박 사흘을 걸어야 하는 큰 성읍이었다. 성읍을 둘러싼 성벽의 길이와 높이도 어마어마했다. 성벽의 너비 역시 마차가 지나갈 수 있을 정도였고 성벽 위 망대만 해도 1,500개에 달했다고 한다.

⁴ 요나가 그 성읍에 들어가서 하루 동안 다니며 외쳐 이르되 사십 일이 지나면 니느웨가 무너지리라 하였더니 욘 3:4

요나는 그 큰 성 니느웨를 단 하루 동안 다니며 "사십 일이 지나면 니느웨가 무너지리라" 하고 외쳤다. 사흘 길을 가야 할 만큼 큰 성읍을 3분의 1만 다닌 것이다.

요나가 물고기 뱃속에서 얼마나 놀라운 기도를 드린 자였는지 생각해보라. 그는 주(主)의 목전에서 쫓겨났을지라도 다시 주의 성전을 바라보겠고, 자신의 영혼이 피곤할 때에도 여호와를 생각했더니 그것이 주의 성전에 다다랐고, 감사의 목소리로 주께 제사를 드리며 자신의 서원을 주께 갚겠으며 구원은 여호와께 속했다고 기도했다. 이렇게 기도한 요나가 사흘 길이 아니라 하룻길만 가고 만 것이다.

혹시나 했더니 역시나

4장에서는 더 당황스러운 요나의 모습을 보게 된다.

¹ 요나가 매우 싫어하고 성내며 ² 여호와께 기도하여 이르되 여호와여 내가 고국에 있을 때에 이러하겠다고 말씀하지 아니하였나이까 그러므로 내가 빨리 다시스로 도망하였사오니 주께서는 은혜로우시며 자비로우시며 노하기를 더디 하시며 인애가 크시사 뜻을 돌이켜 재앙을 내리지 아니하시는 하나님이신 줄을 내가 알았음이니이다 욘 4:1,2

요나 자신이 하나님의 심판을 선포하여 니느웨가 회개했고 하나님께서도 뜻을 돌이켜 재앙을 내리시지 않았는데, 정작 복음을 전한 당사자 요나가 그것이 싫어 화를 냈다.

요나가 기도하기를, '혹 하나님께서 니느웨 사람들을 구원하시려는 게 아닐까?'라고 생각했기 때문에 하나님이 처음 니느웨로 가라고 말씀하실 때 자신이 다급히 다시스로 도망했다고 말한다. 하나님의 심판이 선포되기만 하면 그들이 회개할 것 같고, 그들이 조금만 회개해도 하나님은 은혜롭고 자비롭고 오래 참으시고 사랑이 많으셔서 그분의 성품상 뜻을 돌이켜 재앙을 내리지 않으실 줄 알았기 때문에 아예 전하지 않으려고 도망했다는 것이다.

요나는 혹시나 하고 니느웨로 갔다. 요나는 여전히 니느웨에 복음을 전하기 싫었다. 하지만 하나님이 원하시면 해야 한다는 것을 알고 니느웨로 갔고, 가서 한 일이 고작 하루만 다니며 선포한 것이다. 그때 요나의 심정은 이랬을 것이다.

'나는 경고했어. 난 전했어. 이번이 마지막이야. 사십 일이 지나면 다 죽는다.'

당당할 수 있는 요나의 이론

하룻길만 다니며 선포해놓고도 당당한 요나, 하나님이 내리겠다던 재앙을 내리지 않으신다고 화를 내는 요나가 가진 기준은 도대체 무엇인가? 하나님이 니느웨에 마지막 경고를 하기 위해 다시 요나를 보내셨을 때에도 요나 안에는 여전히 잘못된 마인드가 작용하고 있었다. 그것이 무엇인가?

그가 한 기도를 다시 한번 살펴보자. 요나가 기도하기를 구원은 여호와께 속했다고 했지만 그는 여전히 니느웨를 구원하시면 안 된다고 했고, 서원을 갚겠다고 했지만 그는 지키지 않았고, 주께 제사를 드린다고 했지만 자신의 모든 것으로 하나님께 예배하며 제사를 드리는 것이 아니라 자신을 주장했고, 주께 감사한다고 했지만 하나님과 싸웠다. 요나 스스로 하나님과 하나님의 은혜를 저버렸다.

> 8 거짓되고 헛된 것을 숭상하는 모든 자는 자기에게 베푸신 은혜를 버렸사오나 9 나는 감사하는 목소리로 주께 제사를 드리며 나의 서원을 주께 갚겠나이다 구원은 여호와께 속하였나이다 하니라 욘 2:8,9

요나는 여전히 변하지 않았다. 그는 거짓되고 헛된 것을 숭상하는 모든 자, 즉 우상숭배 하는 자들은 은혜를 저버린 자들이라고 말한다. '거짓되고 헛된 것을 숭상하는 모든 자'란 이방인들, 그러니까 니느웨 사람들을 가리키는 것이다. 요나 안에는 선민과 이방인을 구별하는 잘못된 마인드가 여전히 존재했고 여전히 자신이 중심이었다.

요나는 니느웨 백성들이 우상숭배 하는 자들, 은혜를 저버리는 자들로서 사악한 그들이 회개해서는 안 되며 멸망해야 마땅하다고 보았다. 그러면 요나는 누구인가? 그의 조상 아브라함 역시 우상을 숭배했던 사람으로 거짓되고 헛된 것을 숭상하는 이방인에 불과했다. 이 땅에 우상을 섬기지 않는 사람은 아무도 없다. 하나님이 우상숭배 하던 아브라함과 같은 자를 불러내어 은혜를 주신 것은 이 땅의 우상숭배 하는 모든 자들에게 은혜를 주기 원하셨기 때문이다. 그래서 아브라함을 택하시고 이스라엘을 택하시고 요나를 택하셨다.

일본에서 큰 지진이 났을 때 이렇게 말하는 사람을 본 적이 있다. 일본이 우상숭배를 많이 해서 그런 일이 있다는 것이다. 그러나 우리는 모두 다 우상숭배자들이다. 한국은 우상숭배를 안 한다고 착각하는가? 인구수가 적어서 상대적으로 우상숭배가 적을 수는 있다. 하지만 우리는 모두 다 우상숭배자들이다.

살아가면서 기쁘고 감사한가? 모든 것이 형통하고 좋은가? 왜 신앙의 싸움을 하는가? 왜 낙망하는가? 왜 비교하고 불평하는가? 그것은 자신이 원하는 것이 있는데 뜻대로 되지 않기 때문이다. 우리는 하나님 앞에서 내 것을 주장하는 싸움을 하며 산다. 그것이 우상이다. 하나님이 계셔야 할 자리에 있는 다른 것이 바로 우상이다. 우리가 추구하는 것이 우상이다. 귀신만이 우상이 아니라 내 속에 있는 교묘한 것들이 다 우상이라는 말이다.

요나는 자기는 선민이고, 선지자이고, 감사하는 목소리로 주께 제사를 드린다고 착각한다. 그것이 하나님의 은혜인 줄 모르는 교만과 잘못된 마인드가 하나님을 대적하게 만들었고, 하나님 앞에서 자신을 내세우는 당당함을 만들어낸다는 것을 모르는 것이다.

나 자신을 보라

　　　　　내가 전도사 때 있었던 일이다. 제자훈련을 받으며 불신자인 언니를 위해 지속적으로 기도하던 한 자매가 나를 찾아왔다. 언니를 위해 기도하기 때문에 언니와 싸우지 않고 언니가 원하는 대로 다 해주고 달라는 것을 다 주었더니, 오히려 언니가 자기 기분 내키는 대로 함부로 해서 마음이 상하고 화가 난다는 것이다.

"전도사님, 어떻게 이럴 수가 있어요? 저는 전도사님 말씀대로 언니를 위해 기도하고 있는데, 언니가 변하기는커녕 마음대로 시키고 오히려 저를 만만하게 대해요."

"기도 응답을 받고 있네."

"이게 기도 응답이에요?"

"그렇지. 그럼 기도가 뭐라고 생각했어?"

기도가 하나님을 주장하고 움직이는 것이라고 생각하는가? 내가 기도하면 하나님이 움직이셔야 되는가? 아니다. 기도란 내가 하나님의 뜻대로 살겠다고 고백하는 것이다. 어떤 상황에서도 자신이 십자가를 지는 것이다.

기도하는 당사자가 변하지 않는데 기도하는 대상이 변화되리라 생각하는가? 요나와 이스라엘이 변하지 않을 때 하나님께서는 변하지 않는 악한 세상보다도 변하지 않는 요나와 이스라엘을 더 악하게 보신다. 하나님은 요나를 통해서 우리에게 물으신다.

"세상을 향해 내가 택하고 부른 너는 지금 어떻게 살고 있느냐?"

신앙은 다른 누가 아니라 내 자신을 보는 것이다. 내 안에서 하나님과 싸우는 것이 무엇인가? 내가 붙잡고 있는 것이 무엇인가? 하나님 앞에 도전하는 것이 무엇인가? 내가 내려놓지 못하고 있는 것이 무엇인가? 우리는 이것을 보아야 한다.

예수님을 떠난 사람들의 특징은 자신이 했다는 사람들이다. 부자 청년은 "내가 모든 율법을 지켰습니다"라고 하면서 '자신'이 했음을 주장하다가 주님을 떠났다. 반면에 삭개오는 "나는 하지 못했습니다" 하면서 주님을 붙잡았다.

우리는 하나님 앞에서 자신이 너무 강하다. 더 나아가 자신을 돌아보지 않는다. 그러면 결국에 우리의 인생이 틀어지기 시작한다. 세상을 보지 말고 우리 자신을 보라. 하나님 앞에서 자신이 얼마나 악한지 보지 못하면, 하나님 앞에 당당하고 정당하게 살아가는 것 같아도 어느새 하나님의 반대편에 설 수 있다.

요나의 눈인가? 하나님의 눈인가?

니느웨가 어떤 곳인가? 만일 요나가 요나서 3장 3절만 제대로 이해했어도 이렇게 행동하지 않았을 것이다.

² 일어나 저 큰 성읍 니느웨로 가서 내가 네게 명한 바를 그들에게 선포하라 하신지라 ³ 요나가 여호와의 말씀대로 일어나서 니느웨로 가니라 니느웨는 사흘 동안 걸을 만큼 하나님 앞에 큰 성읍이더라

욘 3:2,3

요나가 하나님의 말씀대로 일어나서 니느웨로 갔다. 니느웨는 매우 큰 성읍이었다. 그런데 말씀이 여기서 끝나지 않는다. 니느웨는 "하나님 앞에" 큰 성읍이다. 하나님이 보시기에 크다는 것이다. 선지자는 하나님의 눈으로 보고 하나님의 뜻을 좇아야 한다. 그러나 요나는 하나님 앞에서 하나님의 눈으로 본 것이 아니라 자신의 눈으로 보았다.

우리는 늘 이렇게 말하곤 한다.

"하나님, 우리 가정은 왜 이렇습니까?"

"직장에서 왜 이런 일이 벌어집니까?"

그러나 우리가 이 땅에서 살아가는 목적은 좋은 직장에 다니거나 결혼해서 행복하게 살기 위한 것이 아니다. 하나님은 우리를 만들기 원하신다. 우리에게 이 땅의 것을 주고 싶으신 것이 아니다. 천국에서 하나님과 모든 것을 함께 나눌 수 있는 존재가 되도록 우리를 이끌어 가기 원하신다.

우리는 하나님이 보시는 것을 볼 수 있어야 한다. 하나님 앞에 큰 성읍이 뭔지 보아야 한다. 가정이나 직장에서 내가 싫어하는 그 사

람이 '하나님이 나를 보내시는 큰 성읍'일 수도 있다. 하나님의 눈으로 보지 못하면 완전히 달라진다.

'자살'이란 단어를 거꾸로 읽으면 '살자'가 된다. 두 단어는 한끝 차이지만 그 의미는 전혀 다르다. 같은 사건을 만나더라도 그 사건을 어떻게 보느냐에 따라 어떤 사람은 그 일 때문에 자살하는가 하면 어떤 사람에게는 살아야 할 이유가 되기도 한다.

마찬가지로 우리가 어떤 마인드, 어떤 눈으로 보느냐에 따라 모든 것이 달라진다. 내 눈으로 보면 고난이고 당장 망할 것 같지만, 하나님의 눈으로 보면 나를 만들고 나를 자라게 하는 요소가 된다. 지금 어떤 눈으로 보고 있는가? 요나의 눈인가? 하나님의 눈인가?

자신이 보는 것이 반드시 정답이라고 착각하지 말라. 아무리 바르게 보려고 해도 그것은 사람 눈에 옳은 수준에 불과하다. 우리는 하나님의 눈으로 보는 싸움을 해야 한다.

하나님의 마인드 장착하기

내가 고등학교를 졸업하고 나서 가장 비참했던 것은 실력이 없고 학력도 안 되어 아르바이트조차 구하기 어려울 때였다. 보증 서줄 사람도 없으니 사람들이 나를 이상하게 쳐다봤다. 20대 청춘에게 기회조차 없다는 것이 너무나 힘이 들었다.

그래서 하나님께 이렇게 기도했다.

"인생을 살다보면 적어도 세 번의 기회가 주어진다고 하는데, 제가 아직 20대인데 그 기회가 모두 사라진 것이라면 그건 너무 잔인합니다. 하나님, 제가 이십 대 10년을 드리겠습니다. 그때 다시 한 번 제 인생에 한 번의 기회가 주어진다면 제가 생명을 걸겠습니다."

그리고 10년 후 서른 살이 되었을 때 하나님께서 내게 말씀하셨다.

"남국아, 너 목회 하면 좋겠다."

그래서 나는 넉 달 동안 생명 걸고 공부했고 그 한 번의 기회로 신학교에 들어갈 수 있었다. 나는 고등학생들을 상담할 때 정말 가슴이 아프다. 적어도 청년들은 기회가 있다. 하나님을 붙잡고 그 기회를 풀 수 있는 실력도 이미 갖춘 시기다. 혹 하나님이 주신 기회가 있는데도 자기 눈으로만 보느라 아직도 "내 인생은 왜이래?"라고 말한다면, 그 사람은 자신의 마인드부터 하나님께 고정하라.

우리가 하나님 앞에서 마인드를 바꾸지 않으면 스스로 낙망하고 넘어지게 된다. 그러니까 하나님께 성내며 하나님과 싸운다. 그러나 우리는 하나님의 백성이다. 하나님을 붙잡고 세상과 싸워야 한다. 혹 하나님과 싸우느라 진을 빼고 있는가? 그렇다면 지금 당장 마인드부터 점검해보아야 한다. 자신도 모르는 사이에 요나처럼 자기 의와 잘못된 마인드에 사로잡혀 있지 않은지 보게 해달라고 구하라.

세상이 변하는 것이 아니다. 세상이 깨어지는 것도 아니다. 내가 변하고 내가 깨어져야 한다. 하나님의 눈으로 보고 하나님만 따라갈 수 있는 하나님의 백성, 하나님의 사람으로 살아가기 바란다.

요나서 3:1-10

여호와의 말씀이 두 번째로 요나에게 임하니라 이르시되 일어나 저 큰 성읍 니느웨로 가서 내가 네게 명한 바를 그들에게 선포하라 하신지라 요나가 여호와의 말씀대로 일어나서 니느웨로 가니라 니느웨는 사흘 동안 걸을 만큼 하나님 앞에 큰 성읍이더라 요나가 그 성읍에 들어가서 하루 동안 다니며 외쳐 이르되 사십 일이 지나면 니느웨가 무너지리라 하였더니 니느웨 사람들이 하나님을 믿고 금식을 선포하고 높고 낮은 자를 막론하고 굵은 베 옷을 입은지라 그 일이 니느웨 왕에게 들리매 왕이 보좌에서 일어나 왕복을 벗고 굵은 베 옷을 입고 재 위에 앉으니라 왕과 그의 대신들이 조서를 내려 니느웨에 선포하여 이르되 사람이나 짐승이나 소 떼나 양 떼나 아무것도 입에 대지 말지니 곧 먹지도 말 것이요 물도 마시지 말 것이며 사람이든지 짐승이든지 다 굵은 베 옷을 입을 것이요 힘써 하나님께 부르짖을 것이며 각기 악한 길과 손으로 행한 강포에서 떠날 것이라 하나님이 뜻을 돌이키시고 그 진노를 그치사 우리가 멸망하지 않게 하시리라 그렇지 않을 줄을 누가 알겠느냐 한지라 하나님이 그들이 행한 것 곧 그 악한 길에서 돌이켜 떠난 것을 보시고 하나님이 뜻을 돌이키사 그들에게 내리리라고 말씀하신 재앙을 내리지 아니하시니라

08 chapter
내가 문제라는 걸 잊으면 안 돼

사람이 문제구나!

집회차 멕시코에 갔을 때였다. 장시간의 비행으로 몸이 많이 지친 우리 일행은 온천에 들르기로 했다. 전날 비가 많이 내렸다는데 감사하게도 날이 개었고, 우리는 길을 가면서 더없이 아름다운 광경을 보게 되었다. 아름다운 구름이 수놓은 하늘과 고요하고 너른 광야를 보면서 아내가 말했다.

"이렇게 평화로운데 우리가 과연 종말로 치닫고 있다는 것을 느낄까?"

진짜 마지막이 가깝다고 느껴지는가? 보통 우리는 일이 꼬일 때, 자기 뜻대로 안 되고 불의한 자가 잘될 때는 '말세야 말세. 세상이 어떻게 이럴 수 있어?'라고 생각한다. 하지만 결혼하고 진급하고 인생이 술술 잘 풀리면 말세를 모른다. 결국 우리는 자기중심에서 생각한다. 내 인생이 잘 풀리면 '좋으신 하나님'이고, 내 인생이 망하면 '이상하신 하나님'이라고 한다.

그러니까 딱 한 가지가 문제인 셈이다. 바로 사람이다. 사람만 없으면 말세도 심판도 오지 않을 것 같다. 모든 것이 사람 때문에 벌어진다. 하나님이 이 땅을 축복하시는 것도, 이 땅에 재앙을 내리시는 것도 사람 때문이다.

'아, 사람이 문제구나! 내가 문제구나!'

이런 생각을 하며 나 또한 예외가 아님을 알게 되었다.

나는 무엇을 보는가?

내가 뽑은 올해의 말씀은 베드로전서 5장 6절이다.

> 그러므로 하나님의 능하신 손 아래에서 겸손하라 때가 되면 너희를 높이시리라 벧전 5:6

그래서 올해 이 말씀을 자주 묵상하게 되었다. 무슨 일이 생기거나 어떤 소식을 들을 때에도 이 말씀을 묵상한다.

세상을 바라보고 한국 교회와 성도들을 바라보며 내 안에서 분노가 올라올 때가 있다. 그럴 때 나는 하박국 선지자를 떠올린다. 그는 하나님 앞에 "이것은 옳지 않습니다"라고 따졌다. 하나님께 질문했다. 하나님께서는 그의 부르짖음에 이렇게 응답하셨다.

> 내가 내 파수하는 곳에 서며 성루에 서리라 그가 내게 무엇이라 말씀하실는지 기다리고 바라보며 나의 질문에 대하여 어떻게 대답하실는지 보리라 하였더니 여호와께서 내게 대답하여 이르시되 너는 이 묵시를 기록하여 판에 명백히 새기되 달려가면서도 읽을 수 있게 하라 이 묵시는 정한 때가 있나니 그 종말이 속히 이르겠고 결코 거짓되지 아니하리라 비록 더딜지라도 기다리라 지체되지 않고 반드시 응하리라 보라 그의 마음은 교만하며 그 속에서 정직하지 못하나 의인은 그의 믿음으로 말미암아 살리라 합 2:1-4

결국 나의 '믿음'에 달렸다는 것이다. 우리는 무엇을 보고 있는가? 나는 무엇을 보고 있는가? 하나님을 바라보아야 하는데, 믿음으로 살아야 하는데 우리는 어떻게 살고 있는가?

그때 내게 주신 올해의 말씀이 다시 생각났다. "그러므로 하나님의 능하신 손 아래에서 겸손하라 때가 되면 너희를 높이시리라"는 말씀에서 나는 "때가 되면 높이신다"는 후반부 말씀에 더 관심이 있었다. "그런즉 너희는 먼저 그의 나라와 그의 의를 구하라 그리하면 이 모든 것을 너희에게 더하시리라"(마 6:33)라는 말씀을 보라. 주님은 우리가 제대로 구해야 함을 말씀해주셨다. 하지만 우리는 "이 모든 것을 너희에게 더하시리라"는 부분에 관심이 있다. "주 예수를 믿으라 그리하면 너와 네 집이 구원을 받으리라"(행 16:31)라는 말씀에서도 우리의 관심은 주 예수를 제대로 믿는 데 있는 것이 아니라 그 뒤 절에 있다.

"제대로 구해!"

"제대로 믿어!"

하나님은 앞부분을 강조해서 말씀하셨다. 우리가 제대로 구하고 제대로 믿기만 하면 뒷부분은 저절로 책임져주시는 것이 하나님의 마음이다. 그런데도 우리는 자꾸 하나님이 우리에게 주시는 것, 우리가 하나님으로부터 받는 데만 관심을 기울인다.

그래서 나는 베드로전서 5장 6절 말씀을 다시 보고 내 시선이 머무는 뒷부분을 빼보았다. 그리고 하나님께서 나를 높이시든 그렇지 않든 하나님 앞에 겸손한 것만 중요하다고 선포했다. 겸손하면 내가 하나님을 붙잡고 있는 것이다. 하나님을 붙잡으면 그 자체로 내가 존귀하게 되는 것이다.

도대체 나는 무엇을 바라보는가? 진짜 문제는 누구인가? 사람이 문제다. 그중에서도 내가 문제다. 내가 교만한 것이다. 우리는 잘나면 잘난 대로 교만하고, 못나면 못난 대로 교만하다. 하나님께 구원받고 하나님의 은혜를 받았는데도 변하지 않는다. 문제는 하나님 안에 있으면서 변하지 않는 우리다.

하나님이 일하시기로 작정하면

니느웨는 사흘 동안 걸을 만큼 큰 성읍이다. 그런데 이곳에 좌우를 분변하지 못하는 자가 12만여 명이라고 한다(욘 4:11). 보통 5세 이하의 아이들이 좌우를 가릴 줄 몰라 신발을 신을 때 오른쪽과 왼쪽을 바꾸어 신는데, 이 어린아이의 인구수를 감안하면 니느웨의 인구는 100만 명에 달했다고 볼 수 있다.

그런데 요나는 하나님 앞에 큰 성읍인 니느웨를 하루 동안 다니며 "사십 일이 지나면 니느웨가 무너지리라"라고 대충 외쳤다. 그런데도 놀라운 역사가 일어났다.

> 5 니느웨 사람들이 하나님을 믿고 금식을 선포하고 높고 낮은 자를 막론하고 굵은 베 옷을 입은지라 6 그 일이 니느웨 왕에게 들리매 왕이 보좌에서 일어나 왕복을 벗고 굵은 베 옷을 입고 재 위에 앉으니라 욘 3:5,6

요나가 하나님의 심판을 선포하고 회개를 촉구하자 그 말을 들은 니느웨 백성들이 하나님을 믿고 금식과 회개로 답한 것이다. 그 일이 백성들 사이에서 얼마나 급속도로 일어났는지 곧 왕에게 그 소식이 전해졌고 왕도 굵은 베 옷을 입고 재에 앉았다. 또 조서(詔書)를 내려 사람과 짐승에 이르기까지 회개에 동참하여 금식할 것을 명했다.

그러면 어떻게 이런 일이 니느웨에서 쉽게 일어날 수 있었을까? 이때 앗수르에서는 앗수르 사상(史上) 유일하게 범신론이 아닌 유일신론을 믿었다. 어마어마한 일식(日蝕)이 벌어졌고 어쩌면 신이 노하여 재앙을 내릴지 모른다는 분위기가 팽배해 있었다. 그러니까 하나님께서 이미 앞서 일하고 계셨던 것이다. 이렇게 일하시는 분이 하나님이시다. 요나가 하룻길을 다니며 전해서 그들을 회개시킨 것이 아니다. 하나님이 하셨다.

가끔 목회자들도 이런 착각을 한다. 목회자가 설교를 잘하고, 성경을 잘 풀고, 목회를 잘해서 교회가 된다고 생각하기 쉽다. 하지만 그것은 하나님이 일하신 것이고 하나님의 은혜를 입은 것이다. 목회자가 대단한 것이 아니다. 요나도 마찬가지다. 하나님께서 요나가 대단해서 그를 선지자로 부르신 것이 아니다. 하나님이 일하시기로 작정하면 요나가 하루만 말씀을 전해도 놀라운 역사가 일어난다.

하나님이 없이 되는 일은 아무것도 없다

에덴동산은 지금 우리가 알고 있는 유프라테스, 티그리스 강 유역에 있었던 것이 아니다. 왜냐하면 하나님이 창조하신 에덴동산 당시의 지형과 지금의 지형이 다르기 때문이다. 물론 우리가 창세기 2장에서 본 에덴동산의 네 강 중에 유프라테스와 티그리스가 있다. 아마 이것은 아담으로부터 전해오는 이야기를 들은 사람들이 에덴동산을 추억하여 토지가 비옥한 메소포타미아 지역의 두 강의 이름으로 전승되지 않았을까 생각한다.

노아 때 일어난 홍수 심판이 어떤 것인가? 땅의 큰 깊음의 샘들이 터지고 하늘의 창문들이 죄다 열려 40일 동안 밤낮으로 비가 쏟아져 온 땅이 물에 잠겼다. 이로써 대대적인 지각변동이 일어나 하나로 연결되어 있던 땅들이 깨어졌다. 그 후 하나님께서는 바벨탑 사건으로 온 땅의 언어를 혼잡하게 하셨고 사람들을 온 세상에 흩으셨다.

하나님께서는 예수님이 이 땅에 오시기 전까지는 이렇게 흩어진 자들이 다시 하나 되지 못하도록 단절시켜놓으셨다. 왜냐하면 예수 그리스도가 이 땅에 오셔야만 구원을 얻게 되기 때문이다. 예수님이 오셔서 구원을 완성하시자 이제는 교통을 넓히기 시작하시는데, 그 예가 로마다. 로마가 세계를 정복하자 모든 길은 로마로 통했고, 그 길을 통해 복음이 흘러가게 되었다.

오늘날은 비행기로 하루 만에 지구촌을 다니며 사람들이 빨리 왕래하는 시대다. 그만큼 복음이 세계 곳곳으로 흘러가게 된 것이다. 복음이 온 세상에 전파되어 모든 민족에게 증거되면 그때 끝이 올 것이다. 흔히 사람들은 자신이 계획하고 자신이 이끌어간다고 생각하기 쉬운데 하나님의 놀라운 섭리와 계획 없이 되는 일은 아무것도 없다.

니느웨도 마찬가지다. 그 당시 앗수르에 개기일식이 벌어졌고,

그때 유일하게 유일신 사상을 믿었고, 선지자 요나가 전하는 말을 쉽게 받아들일 수 있게 된 것이 다 누가 하신 일인가? 하나님이 하셨다.

> 7 왕과 그의 대신들이 조서를 내려 니느웨에 선포하여 이르되 사람이나 짐승이나 소 떼나 양 떼나 아무것도 입에 대지 말지니 곧 먹지도 말 것이요 물도 마시지 말 것이며 8 사람이든지 짐승이든지 다 굵은 베 옷을 입을 것이요 힘써 하나님께 부르짖을 것이며 각기 악한 길과 손으로 행한 강포에서 떠날 것이라 욘 3:7,8

만약 내가 지금은 회개할 때라고 전 교회적으로 금식하고 기도할 것을 선포했다고 생각해보라. 사람도 금식하기 어려운데 집안의 애완용 개와 고양이까지 모두 금식을 시키라고 했다면 어떨까?

바로 니느웨 왕이 그랬다. 조서를 내려서 니느웨에 선포하기를, 사람이나 짐승이나 소 떼나 양 떼나 아무것도 먹지 말고 물도 마시지 말고 사람이나 짐승이나 다 굵은 베 옷을 입고 하나님께 부르짖어 악한 길에서 돌이키라고 한다. 짐승까지 아무것도 먹이지 않을 뿐 아니라 물도 마시지 말라니, 잘못했다가는 무슨 일이 벌어지겠는가? 가축을 모두 잃는 국가적인 재앙이 올 수도 있다. 그런데 놀랍게도 금식하는 짐승들이 죽지 않는 초자연적인 역사가 벌어지는 것이다.

그러나 이 광경을 본 요나는 냉담하다. 이 정도로 놀라운 역사를 보았으면 하나님이 이 백성을 어떻게 하기로 작정하셨는지 알고 자신이 변화되어야 한다. 그런데 오히려 "왜 그들을 구원하십니까?"라며 하나님께 따졌다.

출애굽기에서는 열 가지 표징이 나온다. 이것을 애굽에 내린 '열 가지 재앙'이라고 하지 말아야 하는 이유가 있다. 애굽에는 재앙이지만 이스라엘 백성에게는 복이 되는 양면성을 가지고 있기 때문이다.

하나님께서는 개구리, 이, 파리, 메뚜기 등 자연을 통해 애굽에 재앙을 내리신다. 물론 그것이 애굽이 섬기는 신(神)들이라는 개념도 있지만, 하나님이 자연을 통해서 일하신다는 것을 보여주시는 것이다. 하나님은 마지막 때에도 처처에 지진이 있고 기근이 있을 것인데, 바로 이것이 재앙의 시작이라고 말씀하셨다.

자연은 인간의 다스림을 받게 되어 있다. 그것이 창조의 원리이다. 따라서 자연이 인간을 공격해서는 안 된다. 동물도 인간에게 다스림을 받는 존재다. 그러나 아담과 하와가 하나님을 대적했을 때 어떤 일이 벌어지는가? 자연도 인간을 공격하게 되었다. 동물이 사람을 공격하는 것이다.

원래 개는 사람에게 함부로 짖어서는 안 된다. 사람을 보면 무릎을 꿇고 "오셨습니까, 주인님" 하고 맞이해야 한다. 하지만 인간이 하나님께 도전하여 창조 질서에 역행했기 때문에 동물 역시 인간을 공격하게 된 것이다. 다스림을 받는 존재가 자신을 신(神)의 위치로 높이면 이런 역행 현상이 벌어진다. 자연도 우리를 공격한다.

내가 붙잡은 것을 버려야 하나님을 붙잡는다

요나가 하루 동안 하나님의 말씀을 전했는데, 니느웨 사람들뿐만 아니라 짐승까지 순종하고 회개하는 초자연적인 역사가 벌어졌다. 하나님이 행하셨기에 가능한 일이었다. 그런데 요나는 이것이 불만이었다. 왜냐하면 자신의 복과 상관이 없으면 아무 관심이 없기 때문이다. 바로 우리처럼 말이다.

하나님의 역사가 내게 일어나면 하나님이 살아 계신 것이고 하나님과 하나님의 일에 관심을 갖지만, 하나님의 역사가 내가 아닌 다른 쪽에서만 역사한다면 우리는 요나와 같은 마음을 품게 된다.

"하나님, 저는 이해가 안 돼요. 어떻게 이럴 수가 있어요? 제가 뭘 잘못했나요? 저는 기도하고 열심히 살았는데 왜 이런 일을 겪어야 하죠?"

나도 생각해봤다. 나는 무엇에 분노하고 있는가? 나에게 믿음이 있는가? 이 땅에서 잘되는 것이 정말 잘되는 것인가? 유명한 것이 과연 성공인가? 속지 말아야 한다. 진정한 복은 이 땅에서 내가 하나님을 따라가는 것이고 하나님의 마음을 배워 하나님이 하라고 하시는 대로 순종하는 것이다.

그런데도 우리는 날마다 순간마다 갈등한다. 하나님을 원망하고 하나님과 싸운다. 철저히 자기중심적이다. 요나처럼, 하박국처럼 이 점이 바뀌지 않는다. 하나님 앞에 기도하면 할수록 악해지고, 충성하는 만큼 악해진다.

그렇기 때문에 우리는 자기도 모르게 붙잡고 있는 것들을 버려야 한다. 하나님 앞에 겸손하되 때가 되면 높여주시리라는 바람도 버리고, 먼저 그의 나라와 그의 의를 구하되 그리하면 이 모든 것을 더해주실 것도 기대하지 말고, 하나님께서 주셔도 자랑하지 말아야 한다. 왜냐하면 하나님을 섬기고 충성하고 사랑하라고 주셨지, 자기를 자랑하고 자기를 높이라고 주신 것이 아니기 때문이다.

이 땅을 살아가는 동안 우리는 하나님만을 바라봐야 한다. 하나님 앞에서 겸손하고 그분만 따른다는 것을 보여주지 않으면 안 된다. 주님의 마음을 배우고, 그 마음을 받으며 살기 위한 싸움을 싸우는 것이 신앙이다. 그런데 우리는 이 싸움을 자꾸 놓친다.

내 안목으로 살지 않기

문득 내 안에서 일어나는 회의가 있다.

'과연 이 백성들 가운데 하나님을 사랑하고 변화되려고 하는 싸움이 있는가? 하나님 앞에 나아와 하나님이 아니면 안 된다고 하는 고백이 있는가?'

예배를 드리러 갈 때, "나는 진짜 하나님이 아니면 안 됩니다"라는 마음으로 예배드리러 나왔다면 그 예배는 일단 성공한 것이다. 우리는 주님의 나라에 갈 때까지 100퍼센트 온전하지는 않다. 그러나 자신을 고집하지 않고 주님 안에서 내 삶이 변화되도록 싸워야 한다. 이것이 신앙이다.

'남이' 변하는 것이 아니다. '쟤가' 변하는 것도 아니다. '내가' 변하는 것이다. 그러면 얼마나 변화되어야 할까? '이 정도면 됐지' 하는 마음이 있는가? 하지만 이만하면 된다는 것은 사람 편에서 따지는 것이다. 신앙에 있어서 이 정도라는 것은 없다. 하나님이 요구하시는 양이 있을 뿐이다.

요나가 착각하는 것이 있다. 니느웨 사람들은 요나가 하루 동안 선포하는 말을 듣고 회개한다. 심지어 짐승들까지 하나님의 말씀을 들었다. 말을 듣지 않은 사람은 요나뿐이다. 요나만 하나님의 마음을 모르고 있다. 하나님이 은혜를 주셔도 깨닫지 못한다.

이 시대의 문제도 이와 같다. 믿는 사람이 문제다. 세상 사람이 아니라 기독교인이 문제다. 저들은 하나님을 모르지만 하나님을 아는 우리가 문제가 된다. 하나님의 은혜를 받았다고 하는 우리 안에 사랑이 없고 용서함도 없고 불평만 있고 조금만 어려우면 하나님이 안 계신다고 하는 그 악한 마음이 문제다.

착각하지 말라. 하나님이 하신다. 내가 변화된 것도 하나님이 하신 일이고 내가 모자라다고 손가락질하는 저 사람도 하나님이 만지신다. 만일 그것이 불의하다고 생각된다면 기도하라. 은혜를 받아 아버지의 마음을 안다는 것은 하나님의 마음으로 기도하고, 바라보고, 참고, 믿음으로 사는 것이다. 의인은 내 안목으로 사는 것이 아니라 믿음으로 산다.

믿음이란 하나님이 모든 것을 주관하시고, 내 안목을 뛰어넘어 일하신다는 것을 고백하는 것이다. 세상이 다 망하는 것 같아도 망하지 않고, 다 끝날 것 같아도 끝나지 않는다. 요나가 비록 하루만 다니며 말씀을 전해도 하나님은 그 말씀을 들은 니느웨 사람들이 하나님을 믿고 사람에서부터 짐승에 이르기까지 금식하며 회개하도록 변화시키셨다. 우리 하나님은 이런 분이시다. 우리의 인생도 하나님이 조금만 만지시면 완전히 뒤집어질 수 있다.

하나님 앞에서 나를 보라

올해 첫째 하람이가 고3인데 마침 모의고사를 봤다고 해서 내가 물었다.

"하람아, 모의고사는 어떻게 됐어?"

"그냥 수시로 들어가야 될 것 같아요."

"그래?"

그런데 하람이가 나중에 다시 말했다.

"아빠, 생각보다 모의고사를 괜찮게 본 거 같아요."

나는 하람이에게 이 말을 해주었다.

"하람아, 나는 하나님께서 너를 이끌어 가신다는 것을 믿고 있어. 그래서 네가 시험을 봐서 점수가 잘 나왔는지 못 나왔는지는 관심이 없어. 다만 네가 하나님 앞에서 제대로 살아가고 있는지에 관심이 있단다."

그렇다. 나는 시험 성적에 따라서 수시로 갈지 정시로 갈지 상황에 끌려다니는 모습이 아니라 하나님 앞에 성실히 살아가는 사람, 하나님을 따라가는 사람에게 관심이 있다. 왜냐하면 누구든 어떤 사람이든지 간에 하나님이 그 사람을 붙잡으시기만 한다면 그를 변화시킬 수 있다는 것을 믿기 때문이다. 문제는 우리가 하나님 앞에서 믿음으로 하나님의 길을 가고 있느냐 아니냐 하는 것이다.

우리가 문제다. 내가 문제다. 남편들이 문제다. 남편은 집안의 목사다. 집에 가자마자 TV부터 틀지 말라. 심방하라. 집은 가장이 스트레스를 푸는 곳이 아니다. 남편의 존재로부터 아내와 자녀가 위로와 기쁨을 얻어야 한다. 그것이 남편의 책임이다. 아내는 남편에게 쟁쟁거리지 말아야 한다. 아무리 못나도 남편은 하나님이 세우신 가장이다. 아내는 남편을 위해 기도하며 섬겨야 한다. 따라가야 한다. 그리고 자식들은 부모에게 순종해야 한다.

항상 자신에게 주목하라. 내가 문제라는 것을 한시도 잊어서는 안 된다. 우리는 하나님께서 자신에게 주신 삶을 하나님 앞에서 살아가는 싸움을 해야 한다. 다른 사람을 바라보지 말라. 하나님 앞에서 자신을 바라보고, 혹시 내가 하나님의 길을 놓쳤는지 분간하고, 믿음으로 하나님을 바라보며 살아가야 한다. 그러면 모든 것을 바꾸시는 주체가 되시는 하나님께서 우리를 통해 놀라운 일을 행하실 것이다.

나도 모르게 가지고 있던 욕심과 세상에 물들어 있던 가치관, 주님을 섬긴다고 하면서 그 안에 교묘하게 숨어 있는 마음, 더 당당히 받으려고 했던 악한 마음이 있는가? 그것을 주님 앞에 고백하고 오직 주님을 바라보고 주님만 경배하며 주님만 따라 살아가겠다고 다짐하기 바란다.

우리의 표적은 예수님이다. 주님이 우리를 인도해가시는 것이 이적과 표적이다. 내게 돈이 생기고 직장이 생기는 것이 표적이 아니라 내가 예수를 믿는다는 것이 표적이다.

3

표적이 되었다

요나서 **1:17**

여호와께서 이미 큰 물고기를 예비하사 요나를 삼키게 하셨으므로 요나가 밤낮 삼 일을 물고기 뱃속에 있으니라

09 chapter
부르신 사명을
놓치면 꽝이지

예수님의 죽음과 부활의 모형

아마 어렸을 때 주일학교부터 다닌 사람이라면 룻기, 에스더서, 요나서의 내용을 잘 알고 있을 것이다. 룻기, 에스더서, 요나서는 모두 이야기로 되어 있다.

요나서를 읽고 나면 우리가 굳이 이 책을 기억할 필요가 있는지 의구심을 갖게 된다. 룻기도 마찬가지다. 엘리야와 같은 유명한 대표 선지자는 글도 없고 책도 없는데, 간단한 이야기에 불과한 이 요나서가 예언서로 기록된 이유가 무엇일까? 그것은 예수님이 하신 말씀 때문이다.

하나님은 예수님이 이 땅에서 그분의 사역을 감당하시기 전에 이미 선지자 요나를 먼저 보내셨다.

그때에 서기관과 바리새인 중 몇 사람이 말하되 선생님이여 우리에게 표적 보여주시기를 원하나이다 예수께서 대답하여 이르시되 악하고 음란한 세대가 표적을 구하나 선지자 요나의 표적밖에는 보일 표적이 없느니라 요나가 밤낮 사흘 동안 큰 물고기 뱃속에 있었던 것같이 인자도 밤낮 사흘 동안 땅속에 있으리라 심판 때에 니느웨 사람들이 일어나 이 세대 사람을 정죄하리니 이는 그들이 요나의 전도를 듣고 회개하였음이거니와 요나보다 더 큰 이가 여기 있으며 심판 때에 남방 여왕이 일어나 이 세대 사람을 정죄하리니 이는 그가 솔로몬의 지혜로운 말을 들으려고 땅끝에서 왔음이거니와 솔로몬보다 더 큰 이가 여기 있느니라 마 12:38-42

예수님은 뜬금없이 요나가 사흘 동안 물고기 뱃속에 있었던 것처럼 자신도 십자가에 못 박혀 죽었다가 사흘 만에 다시 살아날 것이라고 말씀하심으로 예수님의 죽음과 부활에 대한 표적으로서 요나의 표적을 언급하셨다. 예수님이 요나의 사건을 표적이라고 말씀하신 것이다. 이것이 요나서가 예언서에 들어가는 이유다.

요나가 물에 빠졌을 때 하나님은 이미 물고기를 예비하셔서 요나를 물고기 뱃속에 들어가게 하신다. 이것은 단지 요나를 니느웨로 보내기 위해 벌어진 사건만이 아닌 예수님이 십자가에 못 박혀 죽은 지 사흘 만에 부활하신 사건의 모형이다.

역학관계 너머에 계신 하나님

그런데 요나는 하나님 앞에서 일방적으로 고집을 피우고 있다. 그렇다면 그는 왜 그렇게 행동하는가? 그는 니느웨에 복음을 전하여 그들을 회개시키는 이 사명에 긴장하고 있었다. 요나가 살던 시대는 솔로몬 이후 북이스라엘이 최고의 전성기를 누리던 때였다.

> 이스라엘의 하나님 여호와께서 그의 종 가드헤벨 아밋대의 아들 선지자 요나를 통하여 하신 말씀과 같이 여로보암이 이스라엘 영토를 회복하되 하맛 어귀에서부터 아라바 바다까지 하였으니 왕하 14:25

여로보암 2세 때는 북이스라엘의 영토가 거의 회복되었다. 아람과의 전쟁에서도 승리했을 뿐만 아니라 앗수르에 국내외적인 위기가 찾아와 그 틈에 북이스라엘이 강하게 일어날 수 있었기 때문이다. 그런데 만약 이때 앗수르가 강대해지면 그것은 곧 북이스라엘의 위기로 직결된다.

나는 중국에 가서 복음을 전할 때마다 마치 요나가 니느웨를 회개시키는 것 같은 마음이 든다. 중국은 앞으로 더 강대해질 것이다. 중국의 그리스도인은 강하다. 핍박 속에서도 복음을 전할 확신에 차 있다. 그들은 열악한 환경에 굴하지 않고 예배를 드리며 복음을 전한다. 우리나라에서 선교사 한 명을 파송하려면 어마어마한 재정이 필요하지만 중국은 그렇지 않다. 그들은 어떤 곳에서도 버틸 수 있고 어디든지 선교하러 갈 수 있는 힘이 있다.

중국의 그리스도인은 1억 명이 넘는다. 하나님나라의 측면에서 본다면 중국은 강대한 나라가 되어야 한다. 그런데 중국이 강대해지면 중국의 위정자들은 그 힘을 세계열강에 뻗을 것이고 그러면 결국 우리나라가 직격으로 타격을 입게 된다. 그동안 우리나라가 크게 성장할 수 있었던 이유는 상대적으로 중국이 약화되어 있었기 때문이다. 우리나라가 마치 북이스라엘과 같다.

하나님께서 새로운 영적 세력을 일으키시려면 중국을 일으키셔야만 한다. 현재 중국은 성령의 흐름의 대세 속에 있다. 그러면 우리는 어떻게 해야 하는가? 복음을 전해야 하는가, 말아야 하는가? 이런 맥락에서 볼 때 우리는 요나와 같은 착각을 할 수 있다. 요나는 앗수르의 부흥이 곧 이스라엘의 멸망이라고 생각했다.

요나와 우리의 착각

예수께서 십자가 지고 죽으셨던 그 고통을 아는가? 하나님께서는 요나가 바다에 빠지자마자 요나에게 거의 죽음과도 같은 끔찍한 고통을 겪게 하셨다. 물고기 뱃속에 넣으심으로 니느웨에 가지 않겠다던 그가 니느웨로 가겠다고 고백하게 만드셨다.

이렇듯 하나님은 하나님 앞에 자기 힘으로 도전한 요나의 힘을 먼저 꺾어버리셨다.

> 17 여호와께서 이미 큰 물고기를 예비하사 요나를 삼키게 하셨으므로 요나가 밤낮 삼 일을 물고기 뱃속에 있으니라 욘 1:17

예수님은 십자가를 지고 죽으셨다가 사흘 만에 다시 살아나신다는 말씀을 할 때 요나를 들어 비유하셨다.

> 요나가 밤낮 사흘 동안 큰 물고기 뱃속에 있었던 것같이 인자도 밤낮 사흘 동안 땅속에 있으리라 마 12:40

십자가란 죽음을 통과하는 것이다. 죽음이란 자신이 가진 힘과 능력이 모두 끝나버리는 사건이다. 아무도 이 죽음을 그냥 지나칠 수 없다. 예수님은 누구든지 나를 따라오려거든 자기를 부인하고 자기 십자가를 지고 나를 따르라고 하셨다.

그런데 요나는 하나님의 나라를 위해 달려가야 할 선지자로서 아직도 자신이 가진 것이 죽지 않고 살아 있다. 자기 안목과 자기 경험만을 믿고 있다. 그러나 하나님의 나라를 이루기 위해서는 자기가 붙잡은 것을 놓아야 한다.

"하나님, 왜 저에게 이런 일을 하시나요? 왜 저를 이렇게 연단하시지요?"

하나님 앞에 이렇게 말하는 사람이 어떤 사람인가? 말이 많다. 입이 살아 있다. 덤빈다. 그러나 아직까지도 살아 있으면 안 된다. 요나가 먼저 죽어야 한다. 그런데도 요나는 감히 하나님 앞에 여전히 자기 안목과 경험을 주장했다.

"니느웨는 안 됩니다. 앗수르는 안 됩니다. 영토가 다 회복되었는데 앗수르가 살아난다면 북이스라엘은 멸망할 것이 아닙니까?"

물론 요나가 본 시각은 정확했다. 북이스라엘이 실제로 앗수르에 의해 멸망하기 때문이다. 그러나 또한 요나의 시각은 가나안 땅을 정탐하고 돌아온 열 정탐꾼과 같은 지극히 인간적인 시각에 불과했다. 성경에는 이스라엘이 강대국인 앗수르에 의해 멸망했다고 말하지 않는다. 그들이 하나님을 떠났기 때문이라고 했다.

그러니까 앗수르가 강성하지 않더라도 북이스라엘이 하나님을 떠나면 스스로 멸망하게 되어 있다는 것이다. 중국과 한국의 문제도 마찬가지다. 중국의 강대함이 한국을 망하게 하는 것이 아니다. 우리나라가 죄악 가운데 하나님을 떠나면 멸망하게 되는 것이다.

해방과 분단 이후의 한국은 정말 아무것도 남지 않은 황폐한 땅이었다. 그런 한국이 지금과 같은 부흥과 성장을 이룬 것이 어떻게 우리의 능력이겠는가? 언제 우리의 지혜로 잘되었는가? 우리가 착각하는 것이다.

초등학생들에게 우리나라에서 제일 부패한 것이 어디냐고 물으면 '정치'라고 대답한다고 한다. 우리나라 경제에서 대기업의 횡포와 불공정의 문제가 얼마나 심각한가? 그런데도 우리나라가 돌아간다. 놀랍지 않은가?

내가 하나님 앞에서 온전하려면 나 자신의 경건과 신앙의 회복에 중점을 두어야 한다. 그런데 우리는 자기 자신이 아니라 다른 곳에 시선을 두고 있다. 심각하게 착각하고 있다.

자기 성찰이 이루어지지 않는 함정

우연히 EBS 채널에서 〈파더 쇼크〉(Father Shock)라는 3부작 프로그램을 보게 되었다. 파더 쇼크란 남자가 아빠가 되면서 겪는 심리적 충격이 엄마가 되는 충격 못지않다는 의미의 제목이다. 건강한 부성(父性)이란 무엇인가, '좋은 아빠'가 되기 위해서는 아버지의 역할에 익숙해져야 한다는 내용이었다.

이 땅을 살아가는 사람들 중에 온전한 사람이 어디 있겠는가? 그동안 아빠로 살아오지 않았는데 어떤 사람이 아빠로서 완벽하겠는가? 나도 어느 날 갑자기 아빠가 되었다. 아기가 태어나기 전에 책을 보면서 준비했지만, 아기를 키워본 적이 없기에 실수를 거듭하곤 했다. 아이를 잘 키우려고 한 나의 엄격함도 내가 내 뜻대로 하고 싶었던 것이었음을 알게 되었다.

어떤 사람도 온전하지 않다. 어떤 환경이 완전할 것 같은가? 돈이 많으면 잘 사는 것 같은가? 어려운 환경에서 자랐다고 해서 그 인생이 모두 어려워지는 것은 아니다. 어려운 사람도 잘 살 수 있다. 좋은 환경에서 태어났다고 꼭 마음이 따듯한 사람이 되는 것은 아니다. 좋은 환경에서 태어났지만 버릇없고 인색한 사람이 되기도 하고, 어려운 환경에서 자랐지만 적극적으로 베푸는 삶을 사는 사람도 많다. 결국 마인드가 문제인 셈이다.

방송을 보니 어떤 사람이 자기 아빠 이야기를 했다. 경제적으로 무능력한 아빠는 술을 먹으면 엄마를 때렸다고 한다. 공포에 떨며 자라난 그는 어렸을 때부터 이런 아빠에게 복수하겠다는 마음으로 살았다. 같은 집에 살지만 아빠와 아는 체도 안 하고 그 불편한 상황을 계속 유지하며 살아갔다.

그런데 놀라운 것은 그 역시 자신의 아빠와 똑같이 무능력하고, 술 마시고, 집 안에 있는 물건을 때려 부수기 일쑤인 사람이 되었다는 것이다.

흔히 우리는 아빠 때문에, 누구 때문에, 무엇 때문에 내 인생이 망쳤다고 말한다. 이는 우리 안에 잘못된 사고가 흐르고 있기 때문이다. 물론 어느 정도까지 영향을 받는 것은 사실이다. 그러나 일정한 선 이상이 되면 그것이 자신의 잘못된 마인드에서 비롯되었다는 것을 인정해야 한다.

방송에서도 그것을 치료하기 위한 목적으로 아빠를 객관화시켜 볼 것을 권했다. 일반은총으로서의 심리학에서도 똑같이 말한다. 일단 그 상황을 객관화시켜서 보아야 한다. 자기 안의 분노가 자기를 죽인다는 것을 알아야 한다.

하나님의 주권적 은혜 인정하기

내가 예수님을 만나고 배운 첫 번째 마인드는 내가 운이 나빠 좋지 못한 환경에서 태어난 것이 아니라 하나님이 나를 만들기 위해 그런 환경을 주셨음을 알게 되었다는 것이다. 예수님을 인격적으로 깊이 만나기 전까지 내 안에는 아버지를 원망하는 마음이 있었다. 그러나 주님을 만나고 난 뒤 내가 아버지로부터 큰 유산을 물려받았다는 것을 알았다.

돌아가시기 전에 예수님을 영접하셨지만, 오랫동안 예수님을 믿지 않던 아버지는 사촌이 땅을 사도 배 아파하지 않는 분이셨다. 하지만 나는 예수를 믿는데도 어느 교회가 잘될 때 배가 아플 때가 있었다. 그런 면에서 나는 예수 안 믿는 아버지보다 예수 믿는 내가 더 나아야겠다고 생각했다.

어렸을 때 우리 가족이 이사하던 날이었다. 이삿짐을 나르던 셋째 동생이 뛰어가다가 유리를 밟았다. 책장 유리 넉 장이 별안간 사라져버렸다. 어려운 집안 형편을 생각하면 버럭 화부터 내실 만했는데, 아버지는 급히 달려와 다친 곳은 없는지부터 먼저 물으셨다. 이렇게 지나고 보면 자신에게 좋은 영향을 준 것도 있는데 우리는 다 나빴다고 생각하기 쉽다.

내가 여전히 살아 있어서 내 눈으로만 볼 때, 어떤 사건을 보는 관점에는 이미 나의 마인드가 반영된다. 요셉이 애굽으로 끌려간 것을 인간적인 관점으로 보면 인신매매를 당한 사건으로 그에게 쓴 뿌리가 생기고도 남을 만한 일이다. 하지만 하나님의 관점에서 보면 그가 애굽의 총리가 되는 지름길이었다.

이 점이 바로 요나의 잘못이다. 하나님의 일을 하고, 하나님을 따라가고, 하나님 앞에 자신의 모든 것을 내어드리며, 철저히 자신을 부인해야 할 하나님의 선지자가, 앗수르의 부흥이 곧 북이스라엘의 멸망을 가져온다고 생각했다. 자기 눈으로만 보았던 것이다.

우리는 '내가 그때 그 상황만 아니었다면…', '이런 부모만 안 만났어도…'라고 생각하고 요나처럼 여전히 자기가 살아 있어서 하나님을 원망하거나 환경을 탓하며 거기에 마음을 빼앗긴다. 자기를 부인하지 않는다. 그 가운데 역사하셔서 우리를 만들어 가실 수 있는 하나님을 신뢰하지 않는다. 그것이 문제다.

우리는 하나님 앞에서 자기를 볼 줄 알아야 한다. 앗수르는 앗수르이고 이스라엘은 이스라엘이다. 저 사람은 저 사람대로, 나는 나대로 하나님의 은혜가 있다. 신앙은 하나님 앞에서 보는 눈을 배우는 것이다.

우리를 부르신 목적과 사명

요나의 표적이 가장 중요한 표적이 되는 이유는 바로 이것이다. 창세기 12장 1절부터 3절까지는 하나님께서 아브라함을 부르시는 유명한 장면이다.

> 여호와께서 아브람에게 이르시되 너는 너의 고향과 친척과 아버지의 집을 떠나 내가 네게 보여줄 땅으로 가라 내가 너로 큰 민족을 이루고 네게 복을 주어 네 이름을 창대하게 하리니 너는 복이 될지라 너를 축복하는 자에게는 내가 복을 내리고 너를 저주하는 자에게는 내가 저주하리니 땅의 모든 족속이 너로 말미암아 복을 얻을 것이라 하신지라 창 12:1-3

이 말씀을 직역해보면, "땅의 모든 족속이 아브라함 안에서 복을 얻는다"는 것이다. 하나님께서는 아브라함을 축복의 통로로 사용하시기 위해 부르셨다. 이것이 이스라엘을 부르신 목적이기도 하다.

이 목적은 출애굽기에서도 다시 살펴볼 수 있다.

> 내가 애굽 사람에게 어떻게 행하였음과 내가 어떻게 독수리 날개로 너희를 업어 내게로 인도하였음을 너희가 보았느니라 세계가 다 내게 속하였나니 너희가 내 말을 잘 듣고 내 언약을 지키면 너희

는 모든 민족 중에서 내 소유가 되겠고 너희가 내게 대하여 제사장 나라가 되며 거룩한 백성이 되리라 너는 이 말을 이스라엘 자손에게 전할지니라 출 19:4-6

하나님께서는 이스라엘 백성을 출애굽시키실 때에도 "너희가 제사장 나라가 되며 거룩한 백성이 되리라"고 하셨고, "이 말을 이스라엘 자손에게 전하라"고 하셨다. 하나님께서 아브라함을 부르신 목적, 이스라엘이 제사장 나라가 되고 거룩한 백성이 되게 하시는 하나님의 목적은 그들을 축복의 통로로 사용하시기 위해서였다. 이스라엘이라는 나라를 강대하게 하기 위한 것이 아니라 이스라엘을 통해 땅의 모든 족속이 복을 받도록 하기 위해서다.

다시 요나서 1장 17절을 보자.

17 여호와께서 이미 큰 물고기를 예비하사 요나를 삼키게 하셨으므로 요나가 밤낮 삼 일을 물고기 뱃속에 있으니라 욘 1:17

요나가 밤낮 삼 일간 물고기 뱃속에 있었다는 내용의 요나서가 예언서에 들어가고 성경에 기록된 이유는 예수님과 연결되기 때문이다. 예수님과 연결되어 있지 않다면 요나서는 그저 요나가 하나님께 대들다가 벌받고 고통당한 이야기에 지나지 않는다.

그러나 예수님과 연결되어 있는 요나의 사건은 하나님이 아브라함과 이스라엘 민족을 통해 이루고 싶으셨던 일, 다시 말해 이방인에게 복음이 전파되는 표적이 되는 것이다. 예수 십자가의 완성은 단순하게 끝나는 것이 아니다. 이 복음이 온 열방에 전해져서 모든 족속이 여호와 이레 되시는 예수 그리스도 안에서 복을 받는 표징이다.

하나님은 하나님께서 이스라엘을 선택한 이유가 무엇인지 요나에게 말씀해주셨다. 이스라엘을 통해 니느웨와 같은 곳에 복음이 흘러가서 그들 안에 하나님의 은혜가 전해질 수 있도록 하신다는 것을 예고편으로 보여주셨다.

그런데 요나는 아브라함과 다윗으로부터 받았던 복을 자신의 복으로 착각하고 있다. 만약 앗수르가 돌아오기를 바라지 않는다면 이스라엘을 부른 목적도 없어진다. 앗수르가 아니면 이스라엘도 아닌 것이다.

하나님께 영광이 되는 성도

교회에서 가장 중요한 사람은 성도다. 하나님께서 목회자를 세우신 것도 성도가 자라게 하기 위해서다. 성도가 없다면 하나님께서 목회자에게 말씀을 주시고 설교를 시키실 이유가 없어진다. 하나님께서는 성도가 자라나 세상의 빛과 소금이 되라고 하셨다. 세상 가운데 들어가서 그리스도의 영광과 그분의 살아 계심을 전하도록 부르셨다. 그것이 우리의 사명인데 이를 놓친다면 '성도'와 '목회자'와 '교회'의 역할도 필요 없다.

오늘날의 교회가 왜 타락했는가? 교회에서 성도가 수단이 되고, 교회 건물이 목적이 되기 때문이다. 성도가 말씀 안에서 자라지 않으면, 세상에 나아가 빛과 소금의 역할을 하지 않으면 꽝이다. 그러니까 한국 교회가 힘을 잃었다는 것은 성도가 힘을 잃었다는 뜻이다.

성도는 기독교를 대표한다. 성도가 직장에 가면 그가 기독교다. 세상 사람들은 그를 보고 기독교를 이야기한다. 그가 잘하면 기독교가 괜찮다고 말하고 그가 못하면 기독교가 못한다고 말한다.

2013년 평창 동계 스페셜 올림픽 개막식에서 애국가를 부른 청년이 화제가 되었다. 박모세 군은 두개골 기형으로 뒤쪽 머리뼈가 없어서 뇌가 밖으로 흘러나왔기 때문에 병원에서조차 생존 가능성이 매우 낮다고 판정했다. 여러 차례 큰 수술을 통해 뇌의 90퍼센트를 잘라내고 나서 겨우 생명을 건질 수 있었지만 보고 듣고 말하고 걷는 것을 전혀 할 수 없었다.

그런데 어머니를 따라 교회에 다니던 모세가 5살이 되자 말문이 트이면서 모든 소리를 따라하더니 7살 때는 찬송을 불렀다. 그의 이름처럼 기적이 일어난 것이다. 모세는 뇌가 10퍼센트밖에 남지 않았지만 음악을 계속 따라 불렀고 성악가처럼 아주 잘 부르게 되었다. 마침내 올림픽 개막식에서 애국가를 부를 수 있게 된 것이다.

이것은 믿음의 가정에서 일어난 일이다. 어쩌면 '하나님, 왜 우리 가정에 이런 일을 주셨나요?'라며 하나님을 원망할 수도 있었겠다고 생각하면, 나는 그 청년이 고맙고 그 가정이 고마웠다. 그들은 하나님이 왜 그 일을 겪게 하셨는지 모르지만, 그들을 통해 하나님의 영광이 흘러나오도록 했다. 이것이 진짜 믿음이다.

여호와 이레 하나님께 소망을 두라

우리가 가진 상처가 얼마나 큰지는 몰라도 그것보다 예수님의 십자가 사랑이 훨씬 크다. 지금도 넉넉히 우리를 만들어 가시는 주님의 은혜가 훨씬 크다. 그것을 바라보는 것이 신앙이다. 우리는 그 믿음의 길을 가야 한다. 그 일이 왜 일어났는지 모르는 상황이 생기더라도 그것이 '여호와 이레'임을 믿는 것이 신앙이다.

아브라함이 이삭을 번제로 바치려 한 그곳이 예수님이 십자가에 못 박히신 곳이다. 요나의 사건이 예수 그리스도와 연결되어 있다. 하지만 아브라함도 요나도 이것을 알지 못했다. 우리 인생이 예수님과 관계되어 있다면 그 고백과 신앙은 결코 그냥 끝나버리지 않는다. 우리가 어떤 일을 겪을 때 하나님이 왜 그런 일을 주셨는지는 몰라도 끝까지 하나님을 붙잡고 나아간다면 하나님께서 하나님의 영광을 드러내는 사건으로 만들어 가신다.

내가 이 땅에서 편하고 잘나고 잘사는 것을 자랑하는 것은 믿음이 아니다. 신앙은 나의 머리, 생각, 경험에 있지 않다. 요나가 되면 안 된다. 요나처럼 자기 자신과 자기 나라만을 위해 고집하고 하나님께 대드는 것은 믿음이 아니다. 자기 몸을 쳐서 하나님께 복종시키는 싸움을 하는 것이다.

나는 박모세 청년 같고 닉 부이치치 같은 신앙인이 많이 나왔으면 좋겠다. 보지 못하고 듣지 못해도, 손이 없고 발이 없어도 그들이 어떻게 살아가는지, 어떻게 기도하는지, 어째서 좌절하지 않고 달려갈 수 있는지, 하나님에게만 자기의 소망을 두는 자의 삶이 어떠한지 증거할 수 있는 신앙이 일어났으면 좋겠다.

언제부턴가 이 땅의 기독교가 세상 사람과 같은 목적, 같은 부유함, 같은 자랑을 품기 시작했다. 그것이 타락이다. 그것은 하나님이 아닌 자기를 세운다. 하나님께서는 우리를 통로 삼아 열방을 세우기 원하시는데, 요나가 그랬듯이 이 시대의 교회도 자기를 세우는 데 온 힘을 쏟고 있다.

그러나 기꺼이 주님을 따라가라. 나를 통해 이루실 '여호와 이레'를 기대하며 믿음의 길을 가라. 하나님께서 내 삶을 의미 있게 만들어 가실 것을 바라보라. 하나님의 사랑이 내 상처를 싸매시며 나를 넉넉히 이끌어 가실 것이다. 하나님의 섭리가 나의 환경을 능히 뛰어넘어 일하실 것이다.

"하나님, 하나님을 보겠습니다. 저는 안 돼도 하나님은 되시고 저는 못해도 우리 하나님은 하십니다. 하나님을 바라보겠습니다.

하나님만 붙잡겠습니다. 세상에 미련 두시 않고 주님을 좇아가겠습니다. 자기를 부인하고 자기 십자가를 지고 주님을 좇을 수 있는 신앙 되게 하옵소서."

넉넉하신 우리 하나님을 바라보며 담대히 믿음의 길을 가는 하나님의 사람이 되기 바란다.

요나서 **1:17**

여호와께서 이미 큰 물고기를 예비하사 요나를 삼키게 하셨으므로 요나가 밤낮 삼 일을 물고기 뱃속에 있으니라

10 chapter
내가 예수 믿는 것이
표적이고말고

틀어진 시대의 영성

영적 전투에서 항상 승리하기 원하는가? 그렇다면 어떤 것이 승리하는 것인가? 무엇이 신앙의 삶인가? 이것은 기준에 따라서 달라진다. 도대체 어떤 기준으로 그것을 판단할 수 있는가? 그런데 오늘날은 종교다원주의 시대다. 다시 말해 진리가 주관화되어 진리가 모든 곳에 있다고 생각하는 세상이 되었다는 것이다. 그렇지만 진리는 여기저기에 있는 것이 아니라 예수께 있다.

그런데 그렇게 고백하는 우리도 실제 삶에서 하나님을 체험하거나 영적 승리를 체험한다고 할 때 성경적이지 않은 부분, 주관적인 부분에 많이 치우쳐 있다. 왜냐하면 예수님을 믿는다는 것, 신앙이라는 것, 영적 전쟁의 승리라는 기준 자체가 틀어져 있기 때문이다.

흔히 우리가 어떤 것을 구하는지 보라. 병 낫기를 구하고 돈을 많이 벌기 원한다. 실제로 자신에게 필요하고 자신이 원하는 것들이다. 그것을 위해 하나님을 조종하고 싶어 하는 쪽으로 틀어져버렸다.

많은 사람들이 왜 목사가 돈을 좇느냐며 목사를 비난한다. 목사가 왜 돈을 좇는지 아는가? 성도가 돈을 좇았기 때문이다. 목사는 성도에게 설교하는 사람이다. 목사가 제일 무서워하는 것은 하나님이 아니다. 하나님은 이해심이 많으시다. 목사는 성도가 가장 무섭다. 성도가 돈을 좇으니까 목사도 자꾸 그 설교를 하게 된다. 복음 설교를 하려면 복음을 묵상하게 되는데 돈에 대해 설교하려니 계속해서 돈을 묵상할 수밖에 없고, 그러다보니 돈이 보이기 시작하고, 더 나아가 돈에 손을 대기 시작하는 것이다. 목사만 욕하고 목사에게 모든 책임을 전가해버려서는 안 된다. 우리는 지금 본질을 놓치고 있고 그것이 나날이 극대화되어 가는 시점에 살고 있다.

우리 안에 예배의 감격이 있는가? 영적 전투의 승리가 있는가? 하나님 앞에 감사의 제목이 있는가? 지금 우리는 세상적인 것이 채워져야 감사하는 잘못된 시대를 살아가고 있다. 중심이 틀어져 있기 때문이다.

악하고 음란한 세대여

예수님은 요나가 자신의 표적이라 말씀하셨다. 서기관

과 바리새인 중 몇 사람이 예수께 표적을 보여달라고 말한다. 이에 예수님은 악하고 음란한 세대가 표적을 구하지만 요나의 표적밖에는 보일 표적이 없다고 말씀하셨다. 표적을 구하는 이 세대가 악하고 음란하다는 것이다.

> 그때에 서기관과 바리새인 중 몇 사람이 말하되 선생님이여 우리에게 표적 보여주시기를 원하나이다 예수께서 대답하여 이르시되 악하고 음란한 세대가 표적을 구하나 선지자 요나의 표적밖에는 보일 표적이 없느니라 요나가 밤낮 사흘 동안 큰 물고기 뱃속에 있었던 것같이 인자도 밤낮 사흘 동안 땅속에 있으리라 마 12:38-40

'음란하다'는 것은 "간통하다"라는 뜻이다. 이스라엘 백성에게 음란이란, 하나님을 따라가지 않고 이방 신(神)을 좇는다는 의미이다. 자신이 원하고 필요할 때 따라가는 것이 이방 신이다. 우상은 자기를 위해 자기가 원해서 만드는 것이다. 우리가 돈을 좇으면 돈의 우상이 만들어지고 건강을 좇으면 건강의 우상이 만들어진다. 예를 들어 좋아하는 연예인이 생기면 그 연예인의 사진으로 방을 도배하는 것과 같다.

한 선교사님이 전도사로 사역하던 시절에 겪은 일이다. 한 아이가 가수 서태지의 사진을 품고 있는 것을 보고 그 사진을 빼앗았다. 중고등부 수련회 기간이었기 때문이다. 그러자 그 학생이 눈을 똑

바로 치켜뜨며 말했다.

"전도사님, 저한테 사과하세요."

자신이 좋아하고 따르는 서태지를 모독했으니 사과하라는 것이다. 전도사님은 그 학생을 호되게 야단친 다음 이렇게 물었다.

"넌 예수님 때문에 한 번이라도 울어본 적 있어? 예수님을 네 심장에 모신 적이 있니?"

자기가 사랑하고 붙잡는 것, 그것이 자신의 심장에 있다면 그게 바로 우상이다. 내가 신랑이신 주님을 섬겨야 하는데 주님 아닌 다른 것을 품고 바라고 있으니 예수님이 그것을 음란하다고 하시는 것이다. 간통하고 있다는 것이다. 자신이 원하는 답을 얻을 수 없을 때 하나님이 살아 계신다면 표적을 보이라고 한다는 것이다.

하늘에서 양식이 비같이 내리는 표적을 보았지만
　　　　　이스라엘 백성들이 광야에서 모세와 아론을 원망했다.

이스라엘 자손이 그들에게 이르되 우리가 애굽 땅에서 고기 가마 곁에 앉아 있던 때와 떡을 배불리 먹던 때에 여호와의 손에 죽었더라면 좋았을 것을 너희가 이 광야로 우리를 인도해내어 이 온 회중이 주려 죽게 하는도다 그때에 여호와께서 모세에게 이르시되 보라 내가 너희를 위하여 하늘에서 양식을 비같이 내리리니 백성이

나가서 일용할 것을 날마다 거둘 것이라 이같이 하여 그들이 내 율법을 준행하나 아니하나 내가 시험하리라 출 16:3,4

"하나님이 우리의 인생을 인도하신다면서 왜 우리에게 먹을 것이 없습니까? 하나님, 우리를 왜 이렇게 인도해가시나요? 하나님이 인도하시는 게 맞나요? 하나님, 정말 당신이십니까?"

먹을 것을 주지 않으니 하나님을 좇지 못하겠다는 이 말에 하나님은 그들에게 만나를 비같이 내려주셨다. 그리고 그들이 주님의 말씀을 지키는지 안 지키는지 보겠다고 하셨다. 하지만 그들은 율법을 지키지 못했다. 왜냐하면 그들에게는 하나님에 대한 마음이 없고 배부를 음식만을 원했기 때문이다. 세상의 것을 좇은 것이다. 다만 먹을 것을 주면, 또 돈을 주면 하나님이 계신다고 인정하겠다고 한 말이다.

그러나 하나님은 내게 필요한 것을 주시면 계시고, 안 주시면 없는 그런 분이 아니시다. 자기 자신이 중심인 세대, 그런 악하고 음란한 세대가 표적을 구한다고 주님은 말씀하신다. 그렇기 때문에 그런 표적은 보일 것이 없다고 하셨다. 이 말은 표적을 보이지 못한다는 것이 아니다. 표적을 보여도 그들이 인정하지 않으리라는 뜻이다.

우리가 한평생 살다보면 결혼이나 직장 등의 명확한 기도 응답을 받을 때가 있는데, 그럴 때 주님이 응답해주시면 주님 앞에 더 열심히 나아와 주님을 더 잘 섬기게 되는가? 그렇지 않다. 우리의 욕심은 끝이 없다. 기도가 응답되었다고 해서 우리가 주님을 더 잘 섬기게 된다는 보장은 없다. 따라서 주님도 그런 표적은 보일 것이 없다고 말씀하시는 것이다.

이적에 대한 마땅한 반응

하나님이 이스라엘 백성을 구원하시기 위해 모세를 보낼 때 하신 말씀이다.

내가 바로의 마음을 완악하게 하고 내 표징과 내 이적을 애굽 땅에서 많이 행할 것이나 바로가 너희의 말을 듣지 아니할 터인즉 내가 내 손을 애굽에 뻗쳐 여러 큰 심판을 내리고 내 군대, 내 백성 이스라엘 자손을 그 땅에서 인도하여 낼지라 내가 내 손을 애굽 위에 펴서 이스라엘 자손을 그 땅에서 인도하여 낼 때에야 애굽 사람이 나를 여호와인 줄 알리라 하시매 출 7:3-5

하나님께서는 이스라엘 백성을 인도해내시기 위해 애굽 땅에서 하나님의 표징과 이적을 많이 행하리라 말씀하셨다. 4,5절 말씀처럼 애굽에 큰 심판을 내리고 이스라엘 자손을 그 땅에서 인도해내신다는 것이다.

이적이란, 하나님이 운행하심으로 인간의 능력 밖에서 놀라운 일이 벌어지는 것을 말한다. 우리는 우리 자신의 생각, 경험, 실력을 믿으며 살아가지만, 이적은 우리의 생각, 경험, 실력 너머에 더 능력 있는 어떤 분이 역사하신다는 것이다. 예를 들어 시한부 선고를 받은 환자가 목사의 안수를 받고 살아났다면 그것은 의사의 능력과 경험 밖에서 하나님이 역사해주셨다는 것을 나타내는 것이다. 이적은 이적 자체가 중요한 것이 아니다. 이적을 일으키는 당사자가 되시는 하나님 때문에 의미가 있다.

얼마 전 종합검진을 받으러 병원에 갔다. 어떤 기계에 올라가보니 체지방량과 근육량과 체성분 등 종합적인 데이터가 나오는데 그것을 본 간호사가 내게 말했다.

"체지방이 많으시네요."

오십견(五十肩)이 온 뒤로 운동을 전혀 못하고 계속 먹었으니 이것은 어쩌면 당연한 바다.

"운동은 하고 계시니까 음식량만 줄이시면 되겠어요."

운동을 해서 체지방량을 줄여야 한다는 것은 나도 알고 있다. 유산소 운동을 해야 한다. 그런데 음식량만 줄이라고 한다. 왜냐하면 내 근육량이 워낙 높게 나와서 지속적으로 운동을 하고 있다고 추측한 것이다.

기계나 사람이 알 수 있는 것은 고작 이 정도다. 아무리 첨단과학이 발달했다고 해도 마찬가지다. 사람이 보고 경험하는 것, 사람이 옳다고 자랑하는 데이터가 진짜 옳은가? 모른다. 우리를 그렇게 지으신 창조주 하나님의 섭리를 우리는 다 모른다. 우리가 얼마나 안다고 생각하는가? 모르는 것이 더 많다.

그것도 모르고 까불다가 하나님이 이적을 한번 보여주시면 이적만 보고 놀란다. 그러나 이적이 갖는 의미는 내 경험 밖에서 역사하시는 주권자가 계심이 드러나는 것으로, 기적적으로 병이 나았다면 병을 낫게 해주신 주권자 앞에 무릎을 꿇는 것이 마땅한 반응이다.

출애굽 역사의 주인공이신 하나님

이적은 표징과 같이 나타난다. 표징의 사전적 의미는 "어떤 사건, 현상을 통해 그 의미를 나타내는 객관화된 표시, 어떤 인격이나 사물을 다른 것으로부터 두드러지게 구별해주는 표시"이다. 그러니까 표징 역시 그 자체로 의미가 있는 것이 아니라 표징으로 드러내고 싶어 하는 객관적인 의미가 있다는 것이다.

하나님은 애굽 땅에 인류 역사상 유래가 없는 정말 놀라운 초자연적인 역사를 쏟아부으셨다. 그것이 애굽에 열 가지 표징으로 나타났다. 여기서 하나님께서 바로의 마음을 완악하게 하셨다는 것은 하나님이 바로에게 손대시지 않았다는 것이다. 하나님이 간섭하지 않으시는 자는 죄 때문에 저절로 마음이 완악하게 된다. 그러면 바로는 당연히 하나님을 반대할 수밖에 없다. 이것은 하나님께서 자기 백성 이스라엘을 애굽에서 이끌어내신다는 것을 드러내는 표징이 된다.

네가 만일 내 백성을 보내지 아니하면 내가 너와 네 신하와 네 백성과 네 집들에 파리 떼를 보내리니 애굽 사람의 집집에 파리 떼가 가득할 것이며 그들이 사는 땅에도 그러하리라 그날에 나는 내 백성이 거주하는 고센 땅을 구별하여 그곳에는 파리가 없게 하리니 이로 말미암아 이 땅에서 내가 여호와인 줄을 네가 알게 될 것이라 내가 내 백성과 네 백성 사이를 구별하리니 내일 이 표징이 있으리라 하셨다 하라 하시고 출 8:21-23

하나님이 애굽에 내리신 열 가지 재앙 중 첫 번째부터 세 번째까지의 이 세 가지 재앙은 애굽과 이스라엘 백성이 동일하게 겪게 된다. 그런데 네 번째 파리 재앙은 애굽 사람에게는 내렸지만 이스라엘 백성에게는 내리지 않으셨다. 하나님께서 처음으로 이스라엘과 애굽을 구별하여 내리신 표징이다.

23절에 "내가 내 백성과 네 백성 사이를 구별하리니 내일 이 표징이 있으리라 하셨다 하라"고 할 때 '사이'라는 단어의 뜻은 단순한 틈이 아니라 "삶과 죽음이 교차되는 뚜렷한 경계선을 이룬다"는 뜻이다. 이 표징은 하나님의 백성과 하나님의 백성이 아닌 자를 구별시키는 표징이자 자기 백성을 보호하는 여호와이심을 나타내는 표징이다. 모든 표징은 여호와를 드러내는 사건이며 하나님이 이스라엘 백성을 구원하셨다는 것을 드러내고 있다.

하나님은 또 모세에게 이렇게 말씀하셨다.

여호와께서 모세에게 이르시되 바로에게로 들어가라 내가 그의 마음과 그의 신하들의 마음을 완강하게 함은 나의 표징을 그들 중에 보이기 위함이며 네게 내가 애굽에서 행한 일들 곧 내가 그들 가운데에서 행한 표징을 네 아들과 네 자손의 귀에 전하기 위함이라 너희는 내가 여호와인 줄을 알리라 출 10:1,2

하나님께서 애굽에 내린 여덟 번째 재앙은 메뚜기로 인한 것인데, 이 표징을 주신 것은 하나님이 우리를 구별하여 선택하셨고 우리뿐만 아니라 우리 자손의 하나님이 되심을 알리기 위해서라고 말씀하신다. 구별된 자로서 살아가라는 의미로 주신 표징이다. 이렇게 표징은 그 자체에 의미가 있는 것은 아니다.

그것이 표징이다

그러면 요나의 사건이 어떤 표징이 되는가?

예수께서 대답하여 이르시되 악하고 음란한 세대가 표적을 구하나 선지자 요나의 표적밖에는 보일 표적이 없느니라 요나가 밤낮 사흘 동안 큰 물고기 뱃속에 있었던 것같이 인자도 밤낮 사흘 동안 땅 속에 있으리라 마 12:39,40

첫째, 하나님께서는 하나님의 반대편에 선 요나를 통해 악하고 음란한 세대를 드러내셨다. 요나는 하나님의 편에 설 마음이 없었던 자다. 그러나 하나님은 그것을 요나 한 사람의 문제로 보시지 않았다. 선지자 요나마저 하나님께 순종할 마음이 없었다면 이스라엘과 니느웨에 이르기까지 그 시대가 얼마나 악하고 음란했을까?

그러나 요나가 물고기 뱃속을 통과할 때 어떤 일이 벌어지는가? 비로소 하나님께 순종하게 된다. 그러면 악하고 음란한 세대가 어떻게 해야 변화될 수 있는가? 예수 그리스도를 통해서만 바뀔 수 있다. 그것이 표징이다.

둘째, 하나님께서는 요나를 통해 복음이 이방 백성에게 흘러가게 하셨다. 하나님이 이스라엘 백성을 선택하신 이유는 이스라엘 백성만 구원하기 위해서가 아니라 그들을 통해 모든 족속이 하나님이 여호와이신 것을 알도록 하시기 위해서다.

요나의 사건은 이제 복음이 유대에만 머무르는 것이 아니라 이방 니느웨에도 흘러가도록 만들었다. 마찬가지로 예수 그리스도를 통해 모든 악하고 음란한 세대에 하나님의 은혜의 복음이 흘러가게 하셨다. 그것이 표징이다.

셋째, 요나가 밤낮 사흘 동안 물고기 뱃속에 있었던 것처럼 예수님도 십자가에 못 박히고 죽으신 뒤 사흘 만에 부활하셨다. 예수님은 죽으셔야 했고 다시 사셔야 했다. 요나가 물고기 뱃속에서 나와 니느웨로 가서 복음을 전한 것처럼 예수님이 십자가에 죽으시고 부활하셔야만 회복과 은혜가 흘러간다. 그것이 표징이다.

이 표징의 모든 상징은 예수 그리스도께로 집중되지 않으면 안 되었다. 그러면 십자가의 은혜로 구원받았다고 하는 우리의 표적은 무엇인가? 과연 예수 그리스도가 우리의 표적이라고 말할 수 있는가?

우리의 표적은 예수님이다

유튜브(YouTube)에서 법륜 스님의 영상 하나를 본 적이 있다. 모임이 한창일 때, 한 불자가 스님에게 이렇게 질문했다.

"친정엄마가 갑작스럽게 돌아가셨는데, 그때 극락왕생을 빌며 절을 많이 했습니다. 가끔 친정엄마를 생각할 때 궁금한 것이 있었는데 정말 극락이 있는지, 엄마가 거기 계셔서 기다리고 계시는지, 어디 계신지 오늘 스님께 희망적인 답변을 듣고 싶습니다."

그러자 법륜 스님이 자신이 하는 말을 따라 하라고 했다.

"믿는 자에게 복이 있나니,"

"믿는 자에게 복이 있나니."

"천국이 너희 것이니라,"

"천국이 너희 것이니라."

"답이 되었어요?"

"스님, 그건 교회에서 얘기하는 거 아닌가요?"

"아니 지금 스님이 얘기하잖아. 스님이."

"그래도 그 말은…."

"그럼 어머니가 천국에 갔다고 믿고 싶어? 지옥에 갔다고 믿고 싶어?"

"천국이요."

"그래, 그렇게 믿으면 편하잖아."

이것이 불교다. 불교는 철저하게 자기 깨달음과 해탈을 강조한다. 천국과 지옥이 있는지 없는지 모른다고 말한다. 적어도 자기가 믿는 종교에 대해서 정직하다. 다른 말을 안 한다. 그러면 기독교는? 기독교는 정직하지 않다. 천국과 지옥이 있다고 믿으면서 믿는 사람처럼 살지 않는다. 예수님을 주인이라 믿는다면서 그렇게 살지는 않는다.

세상에는 여러 종교가 있다. 그러나 그 종교들과 기독교가 다른 것이 무엇인가? 바로 예수님을 믿는 것이다. 우리의 구원이 예수께 있다는 것을 믿는 것이다. 우리의 표적은 예수님이다. 주님이 우리를 인도해가시는 것이 이적과 표적이다. 내게 돈이 생기고 직장이 생기는 것이 표적이 아니라 내가 예수를 믿는다는 것이 표적이다.

하나님은 니느웨 백성들이 요나가 전하는 말을 듣고 믿게 하셨다. 예수 그리스도께서 십자가를 지시고 우리를 구원하셨다. 우리는 예수님의 것을 좇아야 한다. 그것이 진리이며 우리의 삶이어야 한다.

예수님이 빠진 성경?

성경은 하나님의 스토리(story)다. 하나님이 어떻게 세상을 시작하셨고, 어떻게 주인이 되시고, 어떻게 구원하셨고, 어떻게 역사를 이끌어 가시며, 마지막 때에 어떻게 오시는지가 담긴 하나님나라의 이야기다. 이 하나님나라의 스토리 안에 우리의 인생이 담겨 있다.

예수님은 "담대하라 내가 세상을 이기었노라"(요 16:33)라고 말씀하신다. 이것을 믿고 살아가라고 하신다. 우리가 성경을 하나님의 스토리로 보지 못하면 우리는 바리새인처럼 율법화된 종교의식을 갖게 된다. 성경에 나오는 이야기는 알지 몰라도 하나님은 모르는 것이다.

예수를 믿지 않는 장인어른이 어느 날 교회에 오셨는데, 성경을 일독(一讀)하고 오셨다. 장인어른이 내게 말씀하셨다.

"이거 이스라엘 이야기구먼."

맞다. 이스라엘 이야기다. 그런데 성경은 이스라엘 가운데 행하시는 하나님을 보는 것이다. 예수 그리스도가 표징이 되어야 한다. 하나님의 일하심이 없는 룻기란, 룻이 시어머니를 봉양함으로 축복받고 결혼해서 아기 낳아 잘 살았다는 이야기에 불과하다. 예수님의 표적이 되지 않는 요나서란, 요나가 하나님을 피해 도망갔다가 물고기 뱃속에 들어가기도 했다는 옛날이야기에 불과하다. 예수님이 **빠진** 모든 이야기는 아무런 의미가 없다.

예배의 자리에 나와 승리하는 인생

우리의 인생이 예수님이 간섭하시는 인생인가? 사탄은 우리를 끊임없이 공격한다. 돈, 건강, 배우자를 통해 온갖 속임수를 부린다. 돌이 떡이 되게 하라고 유혹한다. 사탄이 6일 내내 우리를 공격하는 이유는 딱 한 가지다.

"하나님을 왕으로 섬기지 마라."

다른 말로 사탄이 가장 두려워하는 것이 있다. 사탄은 우리가 하나님을 섬기는 것을 가장 두려워한다. 6일 동안 줄기차게 공격했는데도 불구하고 우리가 주일에 교회에 나와 "하나님 아버지…"라고 부르면 그 순간 사탄의 능력은 끝이 난다. 하나님의 뜻대로 제대로 살지 못해 죄송하다고 눈물을 흘리며 기도하고 주님을 부를 때 사탄은 미쳐서 날뛴다.

세상은 돈이 아버지다. 권력과 명예가 아버지다. 자기에게 절하면 천하열국을 주겠다고 하는 것이 사탄의 말이다. 주일에 예배드리지 말고 들로 산으로 나가고 골프를 치러 나가라고 한다. 먹을 것을 좇고 돈을 좇고 건강을 좇고 취미생활을 하라고 유혹한다. 그것을 우리 인생의 왕으로 삼으라고 공격한다.

결국 이번에도 사탄의 공격으로 제대로 살지 못해 실패한 것 같다. 마치 사탄이 승리한 것 같다. 그런데 예배의 자리에 나와 "하나님 아버지…"라고 할 때 사탄은 팔짝팔짝 뛴다. 울고불고 야단법석을 떤다. 우리가 하나님을 아버지라 부르고 예수님을 주님이라 부르는 것이 표징이기 때문이다.

이 한 가지만은 꼭 하자. 예배에 이렇게 나아오라. '내 인생이 왜 이런가' 이런 생각에 빠져서 사탄을 기쁘게 하지 말고, 아무런 소망이 없어도 사탄이 제일 싫어하는 한 가지를 하자. 매주일 사탄을 미치도록 열받게 만들자.

"저놈은 왜 이렇게 공격해도 하나님을 아버지라고 부르는 거야? 내가 천하열국을 준다는데 왜 꼼짝도 안 해?"

"내 인생에 여전히 아무것도 없어도 주님은 나의 표징이십니다. 십자가는 나의 완성이며 주님은 나의 기쁨입니다."

우리는 예수님밖에 보일 것이 없다. 우리가 예수님 안에 있는 것, 그것이 구원의 표요 우리의 자랑이다. 예수 믿는다고 해도 세상에서 무조건 예수 믿는 자가 잘된다고 보장할 수는 없다. 안 될 수도 있다. 그러나 정직하게 그 삶을 살아야 한다.

왜냐하면 우리에게 예수님이 인생의 진리요 기준이기 때문이다. 우리는 그 삶을 지켜나가야 한다. 그것을 세상에 정직하게 보여주어야 한다. 아파도 기도하며 가고, 힘들어도 절대 주님을 원망하지 않고 사는 것을 보여주어야 한다.

인생이 억울하다는 생각이 드는가? 물론 이 땅에서 우리는 억울할지도 모른다. 그러나 우리에게 사모하는 주님이 계시고 내가 그분 안에 있기에 믿음의 길을 갈 수 있다. 그것이 신앙이다.

지금 우리가 예배의 자리에 있다면 그것은 승리한 것이다. 우리는 살면서 밀리기도 하고 승리하기도 한다. 하루에도 열두 번씩 이겼다가 지기도 한다. 자면서 가위눌리고 당했다가도 아침에 일어나서 큐티하고 승리하면서 엎치락뒤치락한다. 어쨌든 전쟁의 마지막에는 승리하면 된다. 이것이 이기는 것이다.

> 예수로 나의 구주 삼고 성령과 피로써 거듭나니
> 이 세상에서 내 영혼이 하늘의 영광 누리도다
> 이것이 나의 간증이요 이것이 나의 찬송일세
> 나 사는 동안 끊임없이 구주를 찬송하리로다
> 〈예수를 나의 구주 삼고〉 중에서

이 찬양의 가사처럼 예수를 나의 표적으로 삼고 이것을 간증하며 사는 날 동안 주님을 찬송하며 갈 때 사탄이 떤다.
"하나님 아버지, 아무리 어려워도 나는 하나님 아버지를 부를 겁니다. 하나님이 나의 아버지입니다. 예수님이 나의 표징입니다."
이 고백에 사탄의 권세가 무너지기 시작한다. 돈과 건강을 붙잡지 말라. 돈이 많아도 죽고 건강해도 죽는다. 영원한 하나님나라와 7,80년 짧은 인생을 비교하지 말라. 사탄이 아무리 우리를 흔들어도 "오직 예수님이 나의 영광이시다"라고 고백하며 오직 예수님만 표적 삼고 믿음으로 승리하기 바란다.

하나님은 하나님 편에 서라고 우리를 부르셨다. 하나님이 아끼시고 하나님이 옳은 것을 편들라고 우리를 부르셨다. 요나처럼 자신이 아끼고 옳다는 것에 끌려다니느라 상처받고 화나고 거기에 얽매여 살지 말라고 하신다. 십자가의 사랑과 은혜를 받은 자로 아버지의 마음이 무엇인지 깨달아 하나님의 편에 서라고 하신다.

끝내 고집했다

4

요나서 4:1-5

요나가 매우 싫어하고 성내며 여호와께 기도하여 이르되 여호와여 내가 고국에 있을 때에 이러하겠다고 말씀하지 아니하였나이까 그러므로 내가 빨리 다시스로 도망하였사오니 주께서는 은혜로우시며 자비로우시며 노하기를 더디 하시며 인애가 크시사 뜻을 돌이켜 재앙을 내리지 아니하시는 하나님이신 줄을 내가 알았음이니이다 여호와여 원하건대 이제 내 생명을 거두어 가소서 사는 것보다 죽는 것이 내게 나음이니이다 하니 여호와께서 이르시되 네가 성내는 것이 옳으냐 하시니라 요나가 성읍에서 나가서 그 성읍 동쪽에 앉아 거기서 자기를 위하여 초막을 짓고 그 성읍에 무슨 일이 일어나는가를 보려고 그 그늘 아래에 앉았더라

11 chapter
신앙은 아버지의 마음을 놓치지 않는 거야

맛을 봐야 맛을 알지!

신앙생활을 상중하(上中下)로 나눠본다면, 하(下)는 자기중심적인 신앙이다. 이런 사람은 언제든지 자기 편할 대로 고백하기만 한다. 세상에서 가장 편한 사람도 자기중심적으로 살아가는 사람이다. 반대로 가장 높은 수준의 신앙, 상(上)은 하나님 중심의 신앙이다. 어떤 문제를 만나든지 하나님 중심으로 생각한다. 하나님이 무엇을 기뻐하실까 생각해서 하나님을 닮아가는 신앙이다.

그렇다면 중간은 갈등하는 신앙이 될 것이다. 하나님의 뜻을 알면서도 상황에 따라 갈등하는 신앙이다.

'해야 되는데….'

'힘든데….'

'하기 싫은데….'

이렇게 왔다 갔다 한다.

자신의 신앙은 상중하 가운데 어디에 해당되는가? 신앙생활은 쉽지 않다. 교회에 올 때마다 즐거운가? 정말 충만한 사람 몇을 제외하면 교회에 오는 것이 마냥 즐겁지만은 않을 것이다. 대부분 집에서 자는 것이 좋고 편히 쉬는 것이 더 좋다. 마음이 맞는 사람끼리 놀러 가는 것이 가장 좋다.

주일에 아침부터 저녁까지 예배드리고 봉사하고 성경공부까지 한다는 것은 만만하지 않다. 그러나 쉽지 않은 신앙생활이어도 그렇게 하라고 하는 데는 이유가 있다. 우리는 우리가 좋은 대로 놔둘 때 아무 열매도 맺지 못한다. 우리가 생각하는 좋은 교회는 천국에 있지 이 땅에는 없다. 이 땅에는 좋은 성도를 만드는 싸움과 훈련만이 있을 뿐이다. 그 싸움과 훈련이 있다면 그 교회는 좋고, 그 훈련을 안 하면 나쁘다고 할 수 있겠다.

신앙이란 나를 하나님 편에 맞춰서 하나님을 닮아가며 신앙의 맛을 배우는 것이다. 다시 말하면 교회에 와서 좋은 점은 편해서가 아니다. 어렵고 힘들어도 그 속에서 주님이 나와 함께하시는 것을 맛보기 시작할 때 기쁨이 일어나는 것이다. 성경을 공부하는 것도 마찬가지다. 성경을 공부하면서 말씀을 알고 깨닫고 맛보기 시작하면 그만큼 주님을 더 깊이 경험하게 된다.

신앙은 하나님을 알아야 성립된다. 아버지의 마음을 알아야 가능하다. 그렇지 않으면 지극히 인간적이고 자기중심적일 수밖에 없다. 지금 요나는 이 문제를 가지고 하나님과 싸우려 한다.

요나가 왜 표적인가?
다음 예수님의 말씀에는 '표적'이라는 단어가 무려 4번이나 나온다. 반복은 강조다. 표적이란 기적이라는 의미가 있지만 그 자체의 의미보다 다른 어떤 것을 상정하는 의미가 있다.

> 무리가 모였을 때에 예수께서 말씀하시되 이 세대는 악한 세대라 표적을 구하되 요나의 표적밖에는 보일 표적이 없나니 요나가 니느웨 사람들에게 표적이 됨과 같이 인자도 이 세대에 그러하리라
> 눅 11:29,30

예수님은 니느웨 사람들에게 요나가 표적이 되는 것처럼 이 세상 사람들에게 예수님이 표적이 된다고 말씀하셨다. 예수님은 이 땅에 보이실 표적이 요나의 표적밖에 없다고 하셨다. 그렇다면 요나가 니느웨 땅에 온 것이 왜 표적인가? 다시 말해 어떤 면에서 하나님이 요나를 표적으로 삼으셨는가?

물고기 뱃속에서 나와 니느웨로 가게 된 요나, 그러나 니느웨까지 간 요나의 행동은 크게 달라지지 않았다. 니느웨는 사흘 동안 걸

어 다니며 외쳐야 할 만큼 큰 성읍이었다. 그러나 요나는 하루 동안만 다니며 "40일이 지나면 니느웨가 무너지리라!"라고 외쳤다.

이런 요나의 행동을 보더라도 우리는 그의 마음을 잘 알 수 있다. 처음에는 절대 니느웨에 가고자 하는 마음이 없더니, 니느웨에 간 지금은 굳이 그들에게 하나님의 말씀을 전해줄 마음이 없어서 하루만 대충 전했다. 이것이 요나의 본심이다.

그러나 요나가 그 즉시 니느웨를 떠난 것은 아니다. 그는 하나님이 작정하셨던 대로 니느웨를 멸망시키기를 바라며 40일을 끈질기게 기다렸다. 그런데 니느웨 사람들이 회개하고 하나님께서 뜻을 돌이켜 재앙을 내리지 않으시자 요나가 그것을 얼마나 싫어했는지 보라.

1 요나가 매우 싫어하고 성내며 욘 4:1

이 표현은 삼중으로 의미가 강조되어 있다. 최상급이다.

2 여호와께 기도하여 이르되 여호와여 내가 고국에 있을 때에 이러하겠다고 말씀하지 아니하였나이까 그러므로 내가 빨리 다시스로 도망하였사오니 주께서는 은혜로우시며 자비로우시며 노하기를 더디 하시며 인애가 크시사 뜻을 돌이켜 재앙을 내리지 아니하시는 하나님이신 줄을 내가 알았음이니이다 욘 4:2

요나는 하나님께 이렇게 기도했다. 요나 안에는 진정으로 니느웨 사람들이 회개하고 돌이키기를 바라는 마음이 없었다. 그렇다면 니느웨의 변화와 회개의 역사가 요나 때문에 일어난 사건인가? 전혀 아니라는 것이다. 이 사건은 요나의 열심과 노력, 요나가 맡은 사명, 요나가 전한 말씀 때문에 벌어진 일이 아니다. 이 사실은 '요나의 표적'에 대해 이야기할 때 대전제가 된다.

³ 여호와여 원하건대 이제 내 생명을 거두어 가소서 사는 것보다 죽는 것이 내게 나음이니이다 하니 ⁴ 여호와께서 이르시되 네가 성내는 것이 옳으냐 하시니라 ⁵ 요나가 성읍에서 나가서 그 성읍 동쪽에 앉아 거기서 자기를 위하여 초막을 짓고 그 성읍에 무슨 일이 일어나는가를 보려고 그 그늘 아래에 앉았더라 욘 4:3-5

3절을 보라. 요나가 하나님께 이렇게 말했다는 것이다.
"하나님, 차라리 절 죽이세요. 이 꼴은 정말 못 보겠어요."
니느웨의 회복이 얼마나 싫었으면 차라리 죽는 것이 낫다고 말할까. 그러자 하나님이 요나에게 "네가 성내는 것이 옳으냐"라고 말씀하셨다. 우리 생각대로라면 이 말씀은 "내가 하는 일에 네가 무슨 상관이냐? 어디 내 앞에서 성을 내느냐?" 이렇게 하나님께서 격렬하게 화를 내신다고 느낄지도 모르겠다. 그러나 이 말씀은 "네가 화를 내는 것이 옳으니? 그건 아니잖아" 정도의 뉘앙스를 갖는다.

예수님은 니느웨가 회복되는 것을 극도로 싫어한 요나와는 전혀 달랐다. 만약 십자가를 지게 되셨을 때 예수께서 요나처럼 생각했다면 이렇게 말씀하셨을 것이다.

"하나님, 저 사람은 구원 못해요. 안 돼요, 하나님."

"저 인간 때문에 십자가를 지라고요?"

그런데 막상 십자가를 졌더니 사람들이 하나님의 아들이면 자기를 구원하고 십자가에서 내려오라고 한다.

"와, 미치겠네. 하나님, 저 사람들 좀 치워주세요."

그러나 예수님은 이렇게 말씀하시는 분이 아니다. 예수님은 우리를 위해 기꺼이 십자가를 지셨다. 예수님은 요나와 정반대편에 서셨다. 그러면 예수님은 사랑으로 십자가를 감당하셨는데 요나에게는 그 사랑이 없었다는 것이 표적일까? 요나가 왜 표적이 되는 걸까? 성경이 드러내고 싶은 것은 과연 무엇일까?

적국의 선지자가 온 표적

요나는 니느웨에 가고 싶지 않았다. 앗수르의 부흥은 북이스라엘의 멸망과 직결되는 일이다. 당시 앗수르는 외부적으로는 북방 민족 때문에, 내부적으로는 전염병 때문에 위축되어 있었다. 그 사이에 북이스라엘이 영토를 확장하고 부흥했는데, 북이스라엘을 다시 위기에 처하게 하는 일을 요나 자신이 할 수는 없다고 생각했다.

좌충우돌 끝에 결국 억지로 니느웨로 파송된 요나에게 과연 사랑이 넘쳤을까? 사흘 길의 니느웨 성읍을 하루만 다니며 하나님의 말씀을 전할 때 그가 그 일을 열정적으로 했을까? 아니다. 그들도 알았다. 요나도 하나님의 사랑을 전하고 싶어 한 것이 아니라 "40일 뒤에 이 성이 망한다!"라는 말만 전했을 뿐이다. 그의 표정만 보더라도 "나는 너희가 회개하는 것을 원치 않아. 나도 어쩔 수 없이 왔을 뿐이야"라고 말하는 그의 심정이 느껴졌을 것이다.

그런데도 니느웨 사람들이 놀란 것은 바로 적국(敵國)의 선지자가 왔다는 사실이다. 이것이 표적이다. 우리는 하나님과 원수 된 자, 하나님의 반대편에 있던 존재였다. 그런데 예수 그리스도의 십자가 사건으로 우리는 하나님과 화목하게 되었다. 하나님이 적국의 선지자인 요나를 니느웨에 보내셨다. 니느웨 사람들의 입장에서 보면 도무지 이해가 되지 않는 일이다.

'하나님의 사랑이 도대체 뭐기에 저 적국의 선지자까지 보내어 우리에게 말씀하시는가?'

여기에 표적이 있다.

우리가 아직 죄인 되었을 때에 그리스도께서 우리를 위하여 죽으심으로 하나님께서 우리에 대한 자기의 사랑을 확증하셨느니라 롬 5:8

요나가 표적인 것처럼 예수 그리스도가 표적이시다. 하나님께서 요나를 물고기 뱃속에 넣었다가 니느웨로 보내실 만큼 크신 하나님의 사랑을 보여주셨듯이, 그리스도께서 우리를 위해 십자가에 죽으심으로 하나님께서 우리에 대한 하나님의 사랑을 확증해주셨다.

이것은 보냄을 받은 요나에게 마음이 있느냐 없느냐의 문제도 아니요, 요나의 잘잘못을 따질 문제도 아니다. 하나님께서 니느웨를, 그리고 우리를 변화시키고 구원하고 싶으셔서 우리와 척(隻)을 진 선지자를 보내셨다는 것이 중요하다.

아버지의 사랑을 드러내는 표적

믿음은 들음에서 난다. 복음을 전하는 아름다운 발걸음이 있어야 하나님이 역사하신다. 그것이 하나님의 방법이다.

> 그러므로 믿음은 들음에서 나며 들음은 그리스도의 말씀으로 말미암았느니라 롬 10:17

하나님은 니느웨 사람들을 어떻게든 변화시키고자 요나를 물고기 뱃속에 넣었다가 빼내어 강제로 니느웨에 보내셨다. 여기에 아버지의 마음이 드러났다. 그런데 이런 아버지의 마음을 보고도 요나는 항복하지 못했다.

우리가 잘 알듯이 이스라엘의 구원 역시 예외가 아니었다. 하나님께서 하맛 어귀에서부터 아라바 바다(사해)까지 이스라엘 영토를 완전히 회복시켜주셨다. 요나를 통해 하신 예언을 그대로 성취하신 것이다. 고난이 심해 노예나 자유자 모두 고통받는 이스라엘을 하나님께서 불쌍히 여기시고, 도울 자가 없는 그들을 친히 도우셨다고 하신다. 북이스라엘이 구원된 것은 이 하나님의 마음 때문이다.

북이스라엘을 구원하신 것과 똑같이 니느웨 역시 동일한 하나님의 사랑과 은혜, 하나님의 마음으로 구원받았다. 요나는 하나님의 선민(選民)인 북이스라엘의 회복을 예언했고, 니느웨에 가서 하나님의 말씀을 전함으로써 그분의 사랑을 드러냈다. 요나의 의사와 상관없이 그를 통해 하나님의 사랑, 아버지의 마음이 나타났다.

이것이 예수 그리스도의 십자가 사랑으로 연결된다. 예수님의 십자가를 보면 아버지의 사랑이 보인다. 우리가 구원받은 것이 우리가 잘났기 때문이 아니다. 아무도 우리를 도울 자가 없음을 보신 아버지가 불쌍히 여기셔서 우리를 구원해주셨다.

싫어도 아버지의 뜻대로 하는 표적

그럼 구원받은 자들은 그다음에 어떻게 살아가야 하는가? 바로 그 사랑을 세상 가운데 드러내며 살아야 한다. 그렇게 해야 세상 사람들이 하나님이 계신다는 것을 알 수 있다.

그런데 그럴 때 우리가 요나처럼 하기 쉽다. 아버지의 사랑이 나에게만 국한되기 바란다. 그 사랑을 세상에 알리고 싶어 하지 않는다. 우리에게 세상 사람들은 어떤 사람인가? 너무 좋은 친구라고 생각되는가? 그렇다면 지금 세상에 푹 빠져 있는 것이다. 보통 신앙 안으로 들어오면 우리는 세상 사람들이 불편해지기 시작한다. 세상적인 마인드를 가진 사람과는 원수가 될 수밖에 없다. 내 편에서 원수는 안 보는 것이 좋고 안 되는 것이 좋고 망하는 것이 제일 좋다.

그래서 우리는 이렇게 말할 때 속 시원해한다.

"거봐, 하나님 안 믿으니까 그렇지!"

우리는 하나님이 어떻게든 내 편만 들어주기 원한다. 하지만 하나님은 나를 죽이신다. 나더러 참으라고 하신다. 내게 십자가를 지게 하시고 사람들에게 가서 사랑을 전하라고 하신다. 만일 그렇게 하지 않으면 요나에게 그러셨던 것처럼 나만 물고기 뱃속에 넣으신다.

그럴 때 우리는 요나처럼 화를 낼 것이다.

"하나님, 왜 저에게만 이러십니까?"

하지만 하나님은 '나를' 통해서 세상 사람들에게 하나님의 사랑을 전하기 원하신다. 그래서 '나를' 보내신다. 믿지 않는 사람들이 보기에 분명히 원수인 줄 알았고 그들을 미워하는 줄 알았던 '내가' 가서 하나님의 사랑을 전하는, 이것이 바로 표적이다.

싫어도 예수님 때문에 그 길을 가는 자를 세상이 보게 된다면 그것이 표적이다.

'저 사람이 저럴 사람이 아닌데. 대체 하나님의 사랑이 뭐야?'

믿지 않는 사람들이 나를 보고 이렇게 생각한다면 그것이 바로 표적이다.

자기를 부인하고 주님 따르리

신앙이란 요나를 보내시는 아버지의 뜻, 아버지의 마음을 따르는 싸움을 하는 것이다. 그런데 우리는 지극히 요나적이다. 매우 싫어하고 성낸다. 신앙이 있다는 사람일수록 더 그렇다.

흔히 우리가 생각하는 좋은 교회가 무엇인가? 교회에 아무런 문제가 없고, 목회자가 따뜻하게 다독이고 관심 있게 배려해주고 기도해주고, 아무도 나를 건드리는 사람이 없고, 모두가 사랑이 넘쳐서 너무너무 잘해주는가? 그럼 이단이다. 그것이 이단의 특징이다. 맛집에는 특징이 있다. 바로 "네가 오라!"는 것이다. 왜냐하면 진리가 있기 때문에 그렇다. 당당하다.

사람이 잘해주고 사람끼리 좋은 게 좋다면 그것은 세상이나 진배없다. 우리가 착각하는 것이 있다. 교회에 나가고 하나님 앞에 나가는 것이 꼭 좋을 거라고 생각한다는 것이다. 하지만 요나처럼 싫을 수도 있고 아닐 수도 있다.

그런데 하나님께서 예수님을 통해 하나님의 사랑을 확증하셨다는 것과 그 사랑으로 자신과 같은 사람을 구원하신 것을 알면 요나처럼 싫더라도 자기 성질대로는 안 한다. 그렇기 때문에 교회에 오면 자기 멋대로 하지 않는 것이다.

> 승리가 무엇인 줄 아는가
> 승리가 무엇인 줄 아는가
> 더 좋고 편한 가능성의 유혹을
> 절연히 잘라버리고
> 오직 주님만 따라가는 것
> 바로 승리라네
>
> 승리가 무엇인 줄 아는가
> 승리가 무엇인 줄 아는가
> 하고 싶은 말 그 많고 많은 말
> 힘겹게 억누르고
> 오직 주께서만 말씀하게 하는 것
> 바로 승리라네
>
> 강명식 〈승리〉 중에서

이 찬양의 가사처럼 할 수 있는가? 하고 싶은 말을 억누르고 있는가? 자기와의 싸움을 잠재우고 있는가? 내가 좋고 나쁜 것이 문제가 아니다. 요나는 니느웨로 가고 싶은 마음이 없었지만 결국 그곳으로 갔다. 십자가의 사랑을 받았으면 그것을 드러내는 싸움을 해야 한다. 교회에 와서 자기 자신의 것을 드러내는 싸움을 해서는 안 된다.

신앙의 옳고 그름을 따지지 말라. 신앙은 옳고 그름이 아니다. 우리가 따지는 옳고 그름이란 절대로 옳지 않다. 하나님께 그건 말이 안 된다고 하고, 그들은 이방인이라고 말하는 요나와 같은 행동이다. 신앙에서 옳은 것은 주님이 참으라고 하시면 참는 것이다. 손해 보라고 하시면 손해 보는 것이다. 지라고 하시면 지는 것이다. 주님의 뜻을 따라가는 것이 옳다.

나의 의(義)는 의가 아니다. 내 속에 차 있는 다툼과 분노, 내가 옳다고 주장하는 것들을 보라. 솔직히 다 자기가 잘났다고 하는 것이다. 자기가 죽기 싫고, 양보하기 싫고, 손해 보기 싫은 것이다. 거기서 신앙의 무례함이 나온다.

신앙의 냄비론

얼마 전 한국 축구 국가대표팀을 맡게 된 홍명보 감독이 히딩크 감독의 조언으로 국가대표팀 감독직을 수락했다는 기사를 보았다. 그것은 히딩크 감독의 '냄비론'에 관한 기사이기도 했다.

히딩크 감독은 대표팀 감독 수락 여부로 고민하던 홍명보 감독에게 이렇게 조언했다.

"한국 국가대표팀 감독 제의가 들어와 그 제의에 대해 결정을 할 때 주변의 모든 상황들을 냄비에 넣고 끓여봐라. 그러면 냄비 안에서 무언가 튀어나올 것이다. 그 튀어나오는 것이 부담스럽거나 걸림돌이 된다고 생각하면 대표팀 감독을 절대로 하지 마라."

이것이 히딩크 감독의 '냄비론'이다. 선택의 기로에서 주변의 모든 상황, 또 자신의 상황을 파악하여 스스로 부족하다고 느끼면 좀 더 준비해서 다음을 기약하고 자신이 있다면 추진하라는 말이기도 하다. 넓은 시야로 자신과 주변을 돌아보라는 것이다. 눈앞의 욕심을 좇기보다 미래의 더 큰 야망을 품으라는 것이다. 시기, 환경, 의지, 자신감 등 모든 것을 아울러 최상의 선택을 할 수 있도록 도와주는 히딩크 감독의 조언이다.

그렇다면 신앙의 냄비론은 무엇일까? 바로 갈라디아서 5장 16절에서 24절까지의 말씀이다.

> 내가 이르노니 너희는 성령을 따라 행하라 그리하면 육체의 욕심을 이루지 아니하리라 육체의 소욕은 성령을 거스르고 성령은 육체를 거스르나니 이 둘이 서로 대적함으로 너희가 원하는 것을 하지 못하게 하려 함이니라 너희가 만일 성령의 인도하시는 바가 되면 율법 아래에 있지 아니하리라 갈 5:16-18

분명한 것은 성령의 일과 육체의 일은 공존하지 않는다는 것이다. 그러니까 나에게 육체의 일이 드러나면 내가 성령을 좇지 않는다는 뜻이며, 내가 성령을 따라 행하면 내가 육체의 일을 극복하고 있다는 뜻이 된다. 자신의 모든 상황과 조선을 냄비에 넣고 끓여보라. 끓을 때 냄비에서 튀어나오는 것이 무엇인가?

> 육체의 일은 분명하니 곧 음행과 더러운 것과 호색과 우상숭배와 주술과 원수 맺는 것과 분쟁과 시기와 분냄과 당 짓는 것과 분열함과 이단과 투기와 술 취함과 방탕함과 또 그와 같은 것들이라 전에 너희에게 경계한 것같이 경계하노니 이런 일을 하는 자들은 하나님의 나라를 유업으로 받지 못할 것이요 오직 성령의 열매는 사랑과 희락과 화평과 오래 참음과 자비와 양선과 충성과 온유와 절제니 이 같은 것을 금지할 법이 없느니라 갈 5:19-23

그 냄비에서 음행, 더러운 것, 호색, 우상숭배, 주술, 원수 맺는 것, 분쟁, 시기, 분냄, 당 짓는 것, 분열함, 이단, 투기, 술 취함, 방탕함 같은 육체의 열매가 나온다면 성령을 좇고 있지 않다는 증거다. 아무리 상황적으로 옳다 여겨져도 그것은 육체의 열매임에 틀림없다.

반면 사랑, 희락, 화평, 오래 참음, 자비, 양선, 충성, 온유, 절제와 같은 성령의 열매가 나온다면 성령을 좇아 행하고 있다는 것이다. 성령의 열매는 아홉 가지가 아니라 한 가지다. 헬라어로 단수다. 성령의 열매는 성품의 열매다. 우리가 하나님을 닮아간다는 것은 하나님의 성품을 닮아가는 것이다.

니느웨의 한 사람까지 그리고 육축까지도 아끼셔서 구원하고자 요나를 보내시는 것이 아버지의 마음이다. 한 사람이 변화될 수 있다면 요나가 참고, 요나가 손해 보더라도 그렇게 하기 원하시는 것이 하나님의 마음이다. 그 하나님을 닮아가려는 마음이 신앙이다.

바보로 살아가라

어버이날에 하람이가 건네준 편지를 받고 얼마나 감동했는지 모른다. 편지의 양이 많거나 내용이 좋아서라기보다 편지 맨 마지막에 "하람, 하준 올림"이라고 썼기 때문이었다. 하람이가 필리핀에 있는 동생 하준이를 기억하고 편지에 동생 이름까지 써넣은 것이 얼마나 대견했는지 모른다. 나는 집사람에게 하람이가 제법 컸다고 말했다. 형의 모습이 드러나기 시작했기 때문이다.

자기만 잘 보이려고 하고, 자기만 인정받으려고 하고, 자기만 잘 먹고 잘살려고 한다면 우리는 세상에 아무 표적도 되지 못한다. 십자가의 사랑을 받았다고 하고, 하나님의 은혜를 안다고 하는 우리가 아버지의 마음을 모른다. 신앙은 쉽지 않다.

'한국의 슈바이처'라고 불리는 장기려 박사는 자신이 설립한 병원의 병원장으로 있으면서도 돈이 없는 환자에게는 약값을 받지 않았고, 입원비가 없으면 입원비도 받지 않았다. 1995년 12월 25일 세상을 떠나기까지 그는 이렇다 할 재산도 남기지 않을 만큼 가난한 자들을 위해 아낌없이 베풀었다.

한번은 어떤 제자가 그에게 물었다.

"아니, 스승님! 그렇게 바보짓을 하시면 어떡합니까?"

그때 장기려 박사가 정말 멋진 말을 했다.

"바보 소리를 들으면 성공한 거야. 바보로 사는 게 얼마나 어려운 줄 알아…."

바보처럼 사는 것이 얼마나 어려운지 모른다. 예수님 때문에 참는 것, 아버지의 마음을 품고 사는 것은 쉽지 않다. 요나처럼 똑똑하지 말라. 바보가 돼라. 손해 보라. 그래도 된다.

하나님은 우리보다 더 상황 판단이 정확하신 분이다. 그런데 요나는 하나님 앞에서 자신이 상황을 판단하고 있다. 니느웨가 회개하면 안 된다고, 그렇게 되면 북이스라엘이 망한다고, 적국 앗수르라고, 이방인인데 왜 구원하려 하시느냐고 자신의 상식을 가지고 하나님과 싸우다가 하나님의 마음을 놓친 것이다.

우리는 요나처럼 똑똑한 척하지 말고 하나님 앞에 바보가 되어야 한다. 기꺼이 손해 보고 십자가를 져야 한다. 신앙생활을 하면서 제일 힘들고 어려운 것이 무엇인가? 입 다물고 참는 것이다. 하나님이 책임지실 때까지 눈물로 기도하는 것이다. 세상으로부터 받지 않는 것이다. 나도 종종 여러 오해를 받을 때가 있다. 하지만 세상의 인정을 구하지 않으려고 한다. 오직 하나님 앞에서만 바보처럼 살아가려고 한다. 그래야 아버지의 마음을 놓치지 않는다.

하늘에 계신 우리 아버지의 온전하심

아버지의 마음을 닮았으면 옳고, 닮지 않았으면 그르다. 아버지의 마음이 가장 중요하다. 나의 첫 번째 성화의 과제가 운전할 때 클랙슨을 울리지 않는 것과 욕하지 않고 참는 것이었다. 예전의 나라면 운전하다가 내 앞을 확 가로지르는 차를 보면 화부터 냈을 것이다.

그런데 요즘은 "와, 좀 급하시네요" 하고 꾹 참는다. 사실 그럴 때 나는 부들부들 떨기도 하고 어금니를 꽉 깨문다. 나는 하나님만큼의 실력이 못 된다. 그러나 하나님은 실력이 있으시다. 하나님이 원하시고 내가 해야 하는 일이면 하나님의 마음 안에서 살아가야 하는 것이 우리의 신앙이다.

요나는 이것을 놓치고 하나님께 화를 냈다. 나에게 하나님에 대한 원망, 불평, 불신이 나온다면 그때는 무조건 기도해야 할 타이밍이다. 사람이 보기에 100퍼센트 옳아도 입 다물고 기도하라. 기도하면서 사랑과 긍휼한 아버지의 마음이 흘러나올 때, 그때 말해도 늦지 않다.

하나님 아버지의 마음 때문에 참고 버티고 지켜온 것이 있는가? 원수들 앞에서도 하나님 앞에서 변화된 모습으로 살아가는 것만이 표적이 될 것이다. 이것을 통해 하나님의 사랑이 전해진다. 요나가 표적이 된 것처럼 우리가 표적이 될 때 우리를 통해 하나님이 놀라운 일을 행하실 것이다.

> 너희가 너희를 사랑하는 자를 사랑하면 무슨 상이 있으리요 세리도 이같이 아니하느냐 또 너희가 너희 형제에게만 문안하면 남보다 더 하는 것이 무엇이냐 이방인들도 이같이 아니하느냐 그러므로 하늘에 계신 너희 아버지의 온전하심과 같이 너희도 온전하라 마 5:46-48

이웃을 사랑하고 원수를 사랑하는 것이 쉬운 일은 아니다. 그러나 아버지의 마음을 품고 살아가는 싸움을 해야 한다. 우리는 너무 똑똑하다. 세상 사람이 보기에도 기독교인이 너무 똑똑하다. 자기가 원하는 것, 자기 이익을 좇는 일에 얼마나 약삭빠른지 모른다. 그러나 어떤 상황 속에서도 우리가 바라는 것은 내려놓고 하나님의 마음을 품어야 한다. 아버지의 마음을 품고 살라. 그것이 승리이고 그것이 성공이고 그것이 나의 복이라고 고백하는 신앙이 되기 바란다.

십자가는 자기를 부인하고 죽는 것이고 하나님을 좇는 것이다. 십자가가 우리의 표적이라면 이제 우리도 자기를 부인하고 자기 십자가를 지고 주님을 따라가야 한다.

요나서 4:1-9

요나가 매우 싫어하고 성내며 여호와께 기도하여 이르되 여호와여 내가 고국에 있을 때에 이러하겠다고 말씀하지 아니하였나이까 그러므로 내가 빨리 다시스로 도망하였사오니 주께서는 은혜로우시며 자비로우시며 노하기를 더디 하시며 인애가 크시사 뜻을 돌이켜 재앙을 내리지 아니하시는 하나님이신 줄을 내가 알았음이니이다 여호와여 원하건대 이제 내 생명을 거두어 가소서 사는 것보다 죽는 것이 내게 나음이니이다 하니 여호와께서 이르시되 네가 성내는 것이 옳으냐 하시니라 요나가 성읍에서 나가서 그 성읍 동쪽에 앉아 거기서 자기를 위하여 초막을 짓고 그 성읍에 무슨 일이 일어나는가를 보려고 그 그늘 아래에 앉았더라 하나님 여호와께서 박넝쿨을 예비하사 요나를 가리게 하셨으니 이는 그의 머리를 위하여 그늘이 지게 하며 그의 괴로움을 면하게 하려 하심이었더라 요나가 박넝쿨로 말미암아 크게 기뻐하였더니 하나님이 벌레를 예비하사 이튿날 새벽에 그 박넝쿨을 갉아먹게 하시매 시드니라 해가 뜰 때에 하나님이 뜨거운 동풍을 예비하셨고 해는 요나의 머리에 쪼이매 요나가 혼미하여 스스로 죽기를 구하여 이르되 사는 것보다 죽는 것이 내게 나으니이다 하니라 하나님이 요나에게 이르시되 네가 이 박넝쿨로 말미암아 성내는 것이 어찌 옳으냐 하시니 그가 대답하되 내가 성내어 죽기까지 할지라도 옳으니이다 하니라

12 chapter
죽어도 아니라고 고집 피울래

알아도 못하는 일

드라마에도 타로점, 별자리, 사주팔자를 보러 다니는 주인공들이 종종 등장한다. 나는 불교 집안에서 자랐기 때문에 그런 장면이 나와도 거북하지 않다. 고대로부터 점성술과 천문학은 하나의 학문이었고, 나라와 개인의 운명, 길흉화복을 예언하기도 했다. 고도로 과학이 발달한 지금도 사람들은 사주팔자나 관상을 본다. 그러면서 수학이니 통계학이라는 명분을 들어 그것을 합리화한다.

그러나 성경은 하나님이 아닌 다른 어떤 것에 인생의 미래를 묻는 것을 절대적으로 싫어한다. 나는 '오늘의 운세'를 안 본다. 장난인데 뭐 어떠냐고 하는 사람도 있지만 장난이라도 안 본다. 누군가

장난삼아 던진 돌에 개구리는 맞아 죽는 법이다. 장난이라도 절대로 해서는 안 되는 일이 있다. 하나님께서도 우상숭배자들, 점술가들은 죽이라고 하셨다.

왜 인생의 미래를 알고 싶어 하는가? 미래를 알면 하나님께 더 헌신하게 되는가? 주님을 더 따르게 되는가? 실제로 그렇지는 않다. 하나님이 앞으로의 일을 보여주신다고 해도 우리는 전혀 바뀌지 않는다. 하나님의 뜻을 다 알면 기쁘게 순종할 것 같고 더 성실하게 살아갈 것 같다는 것이 우리의 착각이다.

> 1 요나가 매우 싫어하고 성내며 2 여호와께 기도하여 이르되 여호와여 내가 고국에 있을 때에 이러하겠다고 말씀하지 아니하였나이까 그러므로 내가 빨리 다시스로 도망하였사오니 주께서는 은혜로우시며 자비로우시며 노하기를 더디 하시며 인애가 크시사 뜻을 돌이켜 재앙을 내리지 아니하시는 하나님이신 줄을 내가 알았음이니이다 욘 4:1,2

요나는 하나님이 은혜롭고 자비로운 분이신지 알았고 그분의 뜻이 무엇인지도 알았다. 결국 하나님의 뜻대로 행했지만 요나는 기쁘지 않았고 오히려 그분의 정반대편에 서서 매우 싫어하며 성냈다. 더 나아가 하나님 앞에서 분노했다. 요나의 이런 모습이 이스라엘을 대표하고 있다. 다시 말해 믿음이 있는 사람들을 대표한다.

요나가 표적이다. 요나의 표적에는 예수님을 상징하는 부분도 있지만 또 하나의 표적이 있다. 이스라엘이 절대로 하나님의 편을 들지 않는다는 것이다. 모든 사람, 모든 죄인은 하나님의 뜻을 알고도 기꺼이 하나님을 좇지 않는다는 표적이다.

왜 그러시는지 생각해보라

자기 인생을 한번 평가해보라.

대학에 들어갔기 때문에, 그래서 주님을 더 좇았는가? 돈을 많이 벌면 주님을 더 따를까? 건강한 것이 주님을 더 잘 좇는 조건이 되는가? 우리가 언제 더 많이 기도했는가? 하나님이 우리에게 좋은 것으로 채워주실 때 우리가 하나님 편에 섰는가? 과연 그런지 한번 정직하게 돌아보라. 우리는 이런 착각을 한다. 마치 우리가 하나님이 뭘 주시지 않아서 하나님을 못 믿는다고 생각한다는 것이다. 진짜 그런가?

오죽 답답하시면 하나님이 이런 말씀을 하셨을지 생각해보라.

공중의 새를 보라 심지도 않고 거두지도 않고 창고에 모아들이지도 아니하되 너희 하늘 아버지께서 기르시나니 너희는 이것들보다 귀하지 아니하냐 너희 중에 누가 염려함으로 그 키를 한 자라도 더할 수 있겠느냐 또 너희가 어찌 의복을 위하여 염려하느냐 들의 백

> 합화가 어떻게 자라는가 생각하여 보라 수고도 아니하고 길쌈도 아니하느니라 마 6:26-28

하나님께서는 우리에게 공중의 새와 들의 백합화를 보고 하나님이 어떻게 이 모든 것을 기르시는지 생각해보라고 하신다. 그러면서 하물며 우리는 어떻겠느냐고 하신다.

"그런데 왜 안 주세요? 왜 내 인생은 이렇게 어려워요?"

바로 이 부분에 대해 생각해보라는 것이다. 하나님이 어떤 분이신지 생각해보라. 공중의 새도 먹이시는 하나님이신데, 우리는 오죽 귀하게 여기시겠는가? 그 하나님께서 왜 그러시는지 생각해보라.

> 그러므로 염려하여 이르기를 무엇을 먹을까 무엇을 마실까 무엇을 입을까 하지 말라 이는 다 이방인들이 구하는 것이라 너희 하늘 아버지께서 이 모든 것이 너희에게 있어야 할 줄을 아시느니라 그런즉 너희는 먼저 그의 나라와 그의 의를 구하라 그리하면 이 모든 것을 너희에게 더하시리라 마 6:31-33

하나님의 뜻을 알아도 순종하지 못하는 우리에게, 우리 주님은 먼저 그의 나라와 그의 의부터 구해보라고 하신다. 이 뜻은 하나님의 입장에 먼저 서보라는 것이다. 하나님 쪽을 먼저 편들어 보라는 것이다.

요나를 보라. 니느웨 백성들이 악한 길에서 돌이키자 하나님도 뜻을 돌이켜 그들에게 내리겠다고 말씀하신 재앙을 내리지 않으셨는데도 요나는 끝까지 하나님께 성내며 대들었다. 만약 나라면 요나에게 물고문을 더 시키고 호되게 벌을 줬을 것 같다.

그러나 하나님께서는 요나가 좀 더 생각해보기 원하신다.

> ³ 여호와여 원하건대 이제 내 생명을 거두어 가소서 사는 것보다 죽는 것이 내게 나음이니이다 하니 ⁴ 여호와께서 이르시되 네가 성내는 것이 옳으냐 하시니라 ⁵ 요나가 성읍에서 나가서 그 성읍 동쪽에 앉아 거기서 자기를 위하여 초막을 짓고 그 성읍에 무슨 일이 일어나는가를 보려고 그 그늘 아래에 앉았더라 욘 4:3-5

요나가 사는 것보다 죽는 것이 낫겠다고 하자 하나님은 화내는 요나를 타이르신다. 이 말씀을 듣고 요나는 하나님이 자신의 편을 들어주시는 것 같다고 느꼈다.

'아직 40일이 지나지 않았어. 하나님이 니느웨를 망하게 하실지도 몰라.'

요나는 이런 생각으로 초막을 짓고 그늘에 앉아 니느웨에 무슨 일이 일어나는지 보려고 했다. 5절 말씀을 보면 요나가 "거기서 자기를 위하여 초막을 짓고"라고 했다. 이때 나는 베드로 생각이 났다. 베드로는 야고보와 요한과 함께 높은 산에 올라갔을 때 그들 앞에서 변형되신 예수님의 모습을 보았다. 그때 베드로가 예수께 말했다.

> 베드로가 예수께 여쭈어 이르되 주여 우리가 여기 있는 것이 좋사오니 만일 주께서 원하시면 내가 여기서 초막 셋을 짓되 하나는 주님을 위하여, 하나는 모세를 위하여, 하나는 엘리야를 위하여 하리이다 마 17:4

하나님의 영광을 본 베드로는 "우리가 여기 있는 것이 좋사오니…"라면서 초막을 짓는다. 이것이 바로 인간이다. 싫은 것도 좋은 것도 다 자기를 위해 하는 것이 인간이다. '하나님의 영광을 위하여' 하는 것이 없는 것, 이것이 우리의 모습이다.

별걸 다 예비하시는 하나님?

'박넝쿨'은 성경 요나서에만 네 번이나 언급된다.

> 6 하나님 여호와께서 박넝쿨을 예비하사 요나를 가리게 하셨으니 이는 그의 머리를 위하여 그늘이 지게 하며 그의 괴로움을 면하게 하려 하심이었더라 요나가 박넝쿨로 말미암아 크게 기뻐하였더니 욘 4:6

요나가 하루 만에 별다른 도구도 없이 초막을 지었을 때는 아마도 얼키설키 엮어서 만들었을 것이다. 하나님께서는 그가 급하게 지은 초막 옆에 신속하게 박넝쿨을 자라게 하셔서 이 박넝쿨로 그늘을 만들어 요나가 뙤약볕을 피할 수 있도록 해주셨다. 즉, 그를 괴로움으로부터 구해내기 위해 박넝쿨을 자라게 하셨다는 것이다.

이때 요나가 어땠을까? 정말 기뻤다. 다른 사람은 몰라도 요나와 머리 스타일이 비슷한 나에게는 충분한 감격이 있다. 더욱이 하나님이 내 편이라고 느낀 요나는 박넝쿨 때문에 크게 기뻐했다. 우리는 요나가 매우 성냈다가 크게 기뻐했다가 하는 조울증 환자인가 생각할 수도 있다. 하지만 요나는 무엇보다도 하나님이 자신의 편을 들어주셨다는 것이 기뻤다.

이것을 우리의 상황에 연결해보면, 어떤 사람이 자신의 처지와 형편에 화가 나 하나님께 성을 냈다.

"하나님, 제 인생은 왜 이런가요? 직장도 없고, 애인도 없고 이게 뭔가요?"

그런데 갑자기 취직이 되고 여자친구를 사귀게 되었다면 그때 어떤 느낌이 들겠는가? 단순히 직장과 애인이 생겨서 기뻐하기보다 하나님이 자신의 기도를 들어주셨다는 생각에 심장이 벌렁벌렁할 것이다.

하나님께서는 요나에게 박넝쿨만 예비하신 것이 아니었다.

> 7 하나님이 벌레를 예비하사 이튿날 새벽에 그 박넝쿨을 갉아먹게 하시매 시드니라 욘 4:7

하나님은 벌레도 예비하셨는데, 새벽 해뜨기 전에 그 박넝쿨을 갉아먹게 하셨다. 캄캄한 밤에는 박넝쿨이 필요 없다. 박넝쿨이 필요한 시점은 해가 뜨고 난 다음인데 해뜨기 전에 벌레가 박넝쿨을 갉아먹게 하신 것이다. 얼마나 황당할까?

이를테면 취직했는데 한 달 만에 직장에서 잘렸다거나 애인이 생겼는데 두 달 만에 헤어지는 일이 벌어졌다는 것이다. 중요한 것은 이 벌레마저 하나님께서 예비하셨다는 것이다. 나에게 직장과 애인만 예비되어 있는 것이 아니라 직장에서 잘리거나 애인과 헤어지는 것도 하나님이 예비하셨다는 것이다.

> 8 해가 뜰 때에 하나님이 뜨거운 동풍을 예비하셨고 해는 요나의 머리에 쪼이매 요나가 혼미하여 스스로 죽기를 구하여 이르되 사는 것보다 죽는 것이 내게 나으니이다 하니라 욘 4:8

그런데 하나님은 한 가지를 더 예비하셨다. 박넝쿨과 벌레에 이어 요나에게 간절히 도움이 필요한 그때에 하나님께서 뜨거운 동풍을 예비하신 것이다. 이것은 40도가 넘는 매우 뜨거운 열풍이다. 동이 틀 때 벌레가 박넝쿨을 갉아먹게 하시더니 해가 뜨자 이번에는 뜨거운 열풍을 요나의 머리 위에 쬐이셨다.

이때 '쪼이매'라는 단어는 히브리어로 "강타하다", "타격하다"라는 뜻이다. 마치 돋보기로 빛을 모으는 것처럼 뜨거운 열풍이 집중적으로 요나의 머리에 내리쬐게 하셨다.

하나님이 불의하신가?

이제 요나는 정신이 혼미해졌다. 그래서 스스로 죽기를 구하며 이렇게 말했다.

"사는 것보다 죽는 것이 내게 나으니이다."

차라리 죽여달라고 애원하는 것이었다. 그러자 하나님이 말씀하셨다.

> 9 하나님이 요나에게 이르시되 네가 이 박넝쿨로 말미암아 성내는 것이 어찌 옳으냐 하시니 그가 대답하되 내가 성내어 죽기까지 할지라도 옳으니이다 하니라 욘 4:9

요나가 초막을 지을 때 박넝쿨은 원래 없었다. 원래 없었는데 잠시나마 하나님이 주신 것이다. 그런데 요나는 지금 그것이 없어진 것을 하나님께 따진다. 화낸다. 성내어서 죽기까지 할 만큼 옳다고 말한다.

사실 우리는 이 땅에 아무것도 가지고 온 것이 없다. 모든 것은 다 하나님이 주셨다. 건강도 하나님이 주셨고 일할 능력도 하나님이 주셨다. 모든 것을 주신 하나님이 그것을 거두신다고 하나님이 불의(不義)하신가? 우리는 원래 죄인으로 태어나 곧장 흙으로 돌아갈 사람들이 아닌가? 주신 이도 하나님이시요 거두신 이도 하나님이시다. 그러니 요나가 하나님께 성내어 말할 만한 근거는 전혀 없다.

그런데 우리도 요나처럼 하나님께 불의하시다고 말한다. "왜 이 사람은 저보다 많이 줍니까?"라고 하나님을 원망한다. 그러나 왜 그 사람에게 많이 주셨을지 생각해보라.

하나님께서 박넝쿨, 벌레, 뜨거운 동풍을 예비하셨다. 하지만 하나님이 예비하신 것이 우리에게 모두 기쁨이 되는 것만은 아니다. 우리는 우리에게 필요한 것을 주셔야 기뻐한다. 그런데 하나님은 그렇게 하지 않으신다. 왜 그럴까? 하나님은 지금 이방 니느웨가 아니라 요나와 싸우신다. 요나가 고집을 꺾지 않고 버티며 하나님 뜻대로 살지 않기 때문이다.

우리도 똑같이 착각하는 것이 있다. 우리는 가정이 안 변하고 상황이 안 변하고 세상이 안 변해서 자신의 인생이 힘들다고 생각한다. 하나님이 은혜를 주셔서 이런 상황과 환경만 열린다면 자신이 하나님을 더 잘 섬길 거라고 착각한다. 그러나 하나님께서는 그렇지 않다고 말씀하신다.

인류 불순종의 역사

하나님께서는 이스라엘에게 어마어마한 은혜를 주셨다. 이스라엘 백성이 하나님께 불순종하고 40년 동안 광야를 떠돈 다음 가나안 땅에 들어가기 직전, 하나님이 주신 말씀을 보라.

> 내가 오늘 명하는 모든 명령을 너희는 지켜 행하라 그리하면 너희가 살고 번성하고 여호와께서 너희의 조상들에게 맹세하신 땅에 들어가서 그것을 차지하리라 네 하나님 여호와께서 이 사십 년 동안에 네게 광야 길을 걷게 하신 것을 기억하라 이는 너를 낮추시며 너를 시험하사 네 마음이 어떠한지 그 명령을 지키는지 지키지 않는지 알려 하심이라 너를 낮추시며 너를 주리게 하시며 또 너도 알지 못하며 네 조상들도 알지 못하던 만나를 네게 먹이신 것은 사람이 떡으로만 사는 것이 아니요 여호와의 입에서 나오는 모든 말씀으로 사는 줄을 네가 알게 하려 하심이니라 이 사십 년 동안에 네 의복이 해어지지 아니하였고 네 발이 부르트지 아니하였느니라 신 8:1-4

만나만 보더라도 그렇다. 이것은 이스라엘 백성들이 하나님의 뜻에 순종하여 만나를 먹게 된 사건이 아니라 그들이 하나님께 따진 사건이 아닌가. 출애굽기 16장에서 이스라엘 백성들이 먹을 것이 없어 하나님을 좇지 못하겠다고 하자 하나님께서는 "그래? 그렇다면 '만나'를 주겠다"고 하셨다.

그렇지만 이스라엘 백성은 만나를 받고도 하나님의 말씀을 지키지 않았다. 먹고 남은 것을 아침까지 남겨두지 말라 하셨는데 순종하지 않아 벌레가 생기고 냄새가 났다. 또 안식일을 위해 그 전날 갑절의 만나를 거두게 하셨는데도 일곱째 날 안식일에 만나를 거두러 들로 나가는 사람이 있었다. 결국 이 일은 이스라엘 백성이 하나님의 뜻을 좇을 마음이 없다는 것을 증명하게 되었다.

그런데도 하나님은 이 불순종한 이스라엘 백성의 40년 광야생활 동안 그들에게 만나를 내려주셨다. 이스라엘 백성은 그 만나를 먹을 때마다 자신들의 불순종을 기억하게 되었고, 만나를 먹을 때마다 하나님의 말씀을 지켜야 한다는 것을 떠올리게 되었다. 하나님이 그들에게 먹을 것을 주셨어도 그들이 하나님의 말씀을 어겼기에 가나안에 들어가지 못했음을 가르쳐주신다. "사람이 떡으로만 사는 것이 아니요 여호와의 입에서 나오는 모든 말씀으로 사는"(신 8:3) 것을 40년 동안 친히 가르치셨다.

하나님의 말씀을 지켜야 가나안 땅을 정복할 수 있기 때문에 요단강을 건널 때에도 언약궤를 멘 제사장이 먼저 앞서 갔다. 그들이 말씀에 의지하여 발을 대딛자 강물이 갈라졌다. 앞으로도 가나안 땅으로 진군하는 이스라엘 백성은 말씀을 따라가야 했다. 그런데 요단강을 건넌 후 그들은 하나님의 말씀을 따르지 않았고 그것을 사사기가 증명한다.

하나님께서는 이스라엘에 사사(士師)를 보내주셨고, 이스라엘 백성들이 회개하고 돌아오면 그들을 구원해주셨다. 말씀 안에 들어오면 하나님께서 여전히 이스라엘 민족을 도우시고, 하나님이 그들의 힘이 되어주신다는 것을 보여주는 것이 사사다.

그런데 사사가 죽으면 이스라엘 백성들은 다시 타락하고 말았다. 이 상황이 400년간 계속된다. 그 후로도 하나님은 계속해서 이스라엘과 싸우셨다. 이스라엘을 만들기 위해 온 인류를 사용하셨다. 그런데도 이스라엘은 결국 이 땅에 오신 하나님의 아들 예수 그리스도를 십자가에 못 박아버렸다.

하나님은 나와 평생 싸우셨다

인류 역사에는 항상 죄로 만연한 문화가 범람했다. 그런데 세상이 무너지는 것은 이 세상의 악한 문화 때문이 아니다. 우리가 하나님의 말씀을 떠났기 때문이다. 이 세상을 바꾸는 데 있어서 하나님은 세상 사람이 중요하다고 하지 않으신다. 하나님에게는 하나님의 사람이 중요하다고 말씀하신다.

요나가 좋든 싫든 니느웨로 갔고, 사흘이나 다니며 말씀을 전해야 하지만 하루만 대충 전했는데도 하나님은 놀랍게 일하셨다. 죄악의 도성 니느웨 사람들은 물론 육축까지도 한 방에 변화시키셨다. 이렇게 역사하시는 분이 우리 하나님이시다. 하나님이 작정하시면 한번에 모든 것을 뒤바꿀 수 있다.

문제는 우리다. 우리가 바뀌지 않는 것이다. 하나님이 사랑과 은혜를 부어주시고, 기다려주시고, 애써 우리를 만들어 가시는데도 우리는 끝까지 고집을 꺾지 않는다. 하나님의 뜻을 알면서도 하나님 앞에 나와 요나처럼 크게 성낸다.

하나님은 요나에게 가르쳐주고 싶으셨다. 성내고 초막을 짓는 요나를 보시며 그를 니느웨에 보낸 하나님의 뜻이 무엇인지 가르쳐주고 싶으셔서 박넝쿨과 벌레와 뜨거운 동풍을 예비하셨다. 그런데도 요나가 생각하지 않고 바뀌지 않는 것이다. 하나님은 이런 요나와 싸우신다.

목사의 설교가 세지면 덩달아 성도의 가슴도 단단해진다. 목사가 강대상에서 욕을 하면 할수록 듣는 성도는 욕을 즐기면서 "목사님, 욕 한번 해주세요" 이렇게 말할 정도로 뻔뻔하고 대담해졌다. 하나님은 바로 이런 우리와 평생 싸우셨다. 하나님은 교회와 싸우셨다.

하나님이 쓰시는 순종의 사람

왜 세상을 욕하는가? 교회만 변하면 하나님이 일하신다. 왜 가정을 탓하는가? 내가 변하면 하나님이 일하신다. 요나가 니느웨에 가자 하나님께서 놀랍게 역사하셨다. 요나가 니느웨에 간 것이 표적이다. 요나에게는 니느웨를 변화시킬 만한 어떤 능력도 없었다. 능력은 하나님께 있다. 그 하나님께 순종하고 나아가는 것,

그럴 때 하나님께서 우리를 쓰시는 것이 우리의 복이다.

아벨 이래로 지금까지 하나님께 쓰임 받은 자들, 하나님이 역사하시는 하나님의 사람의 공통점이 있다. 바로 하나님 앞에 무릎 꿇고 순종한 사람이었다는 것이다. 능력이 아니다.

하나님께서 갑자기 아브라함을 부르시며 이렇게 명하신다.

> 너는 너의 고향과 친척과 아버지의 집을 떠나 내가 네게 보여줄 땅으로 가라 창 12:1

이 말씀에 아브라함은 "하나님, 꼭 떠나야 해요?" 이렇게 반문하지 않았다. 그는 하나님의 말씀에 순종해서 그동안 살던 비옥한 터전을 떠났다. 자기 생각대로 결정하지 않고 오직 하나님의 뜻을 좇아 떠난 것이다. 하나님의 뜻대로 감사함으로 순종의 싸움을 한 것이다.

하나님께서 우리의 고집을 꺾기 위해 순종을 물으실 때가 있는데, 그럴 때 하나님이 하시는 말씀은 우리의 상식과 경험상 전혀 틀린 것처럼 보일 때가 있다. 그러나 이것은 옳으니 그르니 맞니 틀리니 하는 문제가 아니다. 내가 다 이해하지 못해도, 하나님이 틀린 것처럼 보여도 주권자가 하나님이심을 인정하고 하나님 앞에 무릎을 꿇을 수 있는지, 하나님은 그것을 물으신다. 요나와 우리에게 이렇게 묻고 계신다.

네가 먼저 내 사람이 돼라

요즘 들어 바빠지더니 예전만큼 기도하지 않는 것 같다고 아내가 내게 말했다. 아내의 권면도 있고 앞두고 있는 사역도 많아 기도를 많이 하기 위해 모 교회 수양관에 다녀왔다. 나는 하나님 앞에 나아가 임직식, 마커스, 둘로스, 여름캠프 등 많은 문제들을 놓고 기도했다. 그런데 하나님께서 요나서 4장 말씀으로 응답해주셨다.

"남국아, 나는 네가 기도하는 캠프나 임직식이나 다른 모든 문제들을 금방 해결할 수 있단다. 내가 못해서 안 하는 게 아니야. 그런데 내가 원하는 것은 네가 다른 것들을 위해 기도하는 것이 아니다. 네가 먼저 내 사람이 돼라."

그렇다. 고집을 부리는 내가 문제다. 요나가 니느웨에 가기만 하면 하나님은 무조건 한 방에 모든 것을 끝내실 수 있다.

'신앙은 다른 누가 아니라 내가 문제구나.'

하나님은 아브라함 한 사람만으로 믿음의 길을 시작하셨고, 예수님 한 분만으로 인류의 역사를 바꾸셨다. 요나 한 사람이 니느웨로 갈 때 니느웨를 변화시킬 수 있는 것처럼 말이다.

우리 하나님은 살아 계신다. 하나님은 일하신다. 하나님은 언제든지 무엇이든지 바꾸실 수 있다. 그러니 하나님께 기도해야 한다. 하나님은 지금껏 나를 만들기 위해 애써오셨고 나 때문에 힘드신데, 혹 나는 다른 것 때문이라고 우기는 것은 아닌지 생각해보라.

나 자신을 살펴 내가 고집을 꺾고, 나부터 하나님의 사람이 되는 것이 급선무다. 모든 사람이 그렇게 하지 않아도 신경 쓸 필요가 없다. 나부터 순종하여 그 길을 간다면 하나님이 일하실 것을 믿어라. 하나님께서 박넝쿨도 예비하시고 벌레도 예비하시고 뜨거운 동풍도 예비하시는 것은 하나님의 문제가 아니라 내 문제이기 때문이다. 나를 만들어 가고 싶으시기 때문이다.

마지막에 우리가 주님을 뵐 때 주님이 평생 "너와 싸웠다!"고 하시는 말씀을 듣기 원하는가? 주님이 "너를 통해 일해서 기뻤다"고 하시는 말씀을 듣기 원하는가?

"제가 하나님 앞에 순종했습니다."

"제가 하나님의 통로가 되었습니다."

이렇게 고백할 수 있도록 고집 센 요나가 나 자신이라는 것을 인정하는 회개와 결단의 기도로 나아가기 바란다.

요나서 4:1-11

요나가 매우 싫어하고 성내며 여호와께 기도하여 이르되 여호와여 내가 고국에 있을 때에 이러하겠다고 말씀하지 아니하였나이까 그러므로 내가 빨리 다시스로 도망하였사오니 주께서는 은혜로우시며 자비로우시며 노하기를 더디 하시며 인애가 크시사 뜻을 돌이켜 재앙을 내리지 아니하시는 하나님이신 줄을 내가 알았음이니이다 여호와여 원하건대 이제 내 생명을 거두어 가소서 사는 것보다 죽는 것이 내게 나음이니이다 하니 여호와께서 이르시되 네가 성내는 것이 옳으냐 하시니라 요나가 성읍에서 나가서 그 성읍 동쪽에 앉아 거기서 자기를 위하여 초막을 짓고 그 성읍에 무슨 일이 일어나는가를 보려고 그 그늘 아래에 앉았더라 하나님 여호와께서 박넝쿨을 예비하사 요나를 가리게 하셨으니 이는 그의 머리를 위하여 그늘이 지게 하며 그의 괴로움을 면하게 하려 하심이었더라 요나가 박넝쿨로 말미암아 크게 기뻐하였더니 하나님이 벌레를 예비하사 이튿날 새벽에 그 박넝쿨을 갉아먹게 하시매 시드니라 해가 뜰 때에 하나님이 뜨거운 동풍을 예비하셨고 해는 요나의 머리에 쪼이매 요나가 혼미하여 스스로 죽기를 구하여 이르되 사는 것보다 죽는 것이 내게 나으니이다 하니라 하나님이 요나에게 이르시되 네가 이 박넝쿨로 말미암아 성내는 것이 어찌 옳으냐 하시니 그가 대답하되 내가 성내어 죽기까지 할지라도 옳으니이다 하니라 여호와께서 이르시되 네가 수고도 아니하였고 재배도 아니하였고 하룻밤에 났다가 하룻밤에 말라 버린 이 박넝쿨을 아꼈거든 하물며 이 큰 성읍 니느웨에는 좌우를 분변하지 못하는 자가 십이만여 명이요 가축도 많이 있나니 내가 어찌 아끼지 아니하겠느냐 하시니라

13 chapter
내가 좋아하는 것을
싫어하는 너희

하나님 편에 서기

어떤 남자아이가 차를 타고 가다가 차가 세 번이나 구르는 끔찍한 사고를 당했다. 그런데 놀랍게도 한 군데도 다치지 않았다.

"아버지, 제가 오늘 기적을 체험했어요! 와, 이건 분명히 하나님의 기적이야!"

놀라운 일을 경험함으로 은혜를 받고 돌아온 아이가 아버지에게 이 말을 하자 아버지가 말했다.

"아들아, 나는 더 큰 기적을 맛봤다."

"예? 그럼 아버지는 여섯 바퀴?"

"아니. 오늘 버스를 타고 출근할 때 무사히 회사에 도착했고, 퇴

근하고 집으로 돌아오는 길에도 아무런 사고가 없었단다. 얼마나 큰 기적이니?"

그렇다. 우리는 회사가 부도났는데 극적으로 회복되었다거나 암에 걸렸다가 치유되었을 때 그것을 기적이라고 하고 "하나님은 살아 계셔!"라고 말한다. 하나님이 암에 걸리지 않게 하시고, 오래 기다려주시고, 우리를 만들어 가시고, 우리의 인생을 잔잔하게 이끌어 끝까지 같이 가신다면 우리는 어떻게 반응하는가?

"하나님이 살아 계신다", "우리 하나님은 역시 좋으신 분이다", "하나님이 우리를 향해 열심이시다"라고 반응하며 주님 앞으로 나아가는가? 그렇지 않다. 우리의 죄성(罪性)은 하나님 쪽으로 그다지 가고 싶어 하지 않는다. 하나님을 이용하려고만 하지 그분 편에 서려고 하지는 않는다. 하나님을 이용한다는 것은 내 마음에 맞는 일이 벌어질 때만 하나님을 하나님으로 고백하는 것을 말한다.

흔히 우리는 "하나님이 계신다면 증명해봐"라는 말을 많이 한다. 도대체 어떻게 증명하라는 것인가? 암에 걸린 다음 낫게 해주시면 하나님의 살아 계심이 증명되는가? 반대로 평생 암에 걸리지 않으면 하나님이 살아 계심을 증명하지 못하는 것인가?

요나가 바로 그런 상황 가운데 있다. 하나님은 성읍에서 나가 초막을 짓고 그 그늘 아래 앉은 요나를 위해 박넝쿨을 예비하셨다. 그런데 또 벌레를 예비하셔서 박넝쿨을 갉아먹게 하시고, 뜨거운 동풍을 불게 하시어 요나의 정신을 혼미하게 만드셨다. 이에 요나가 성을 낸다. 하나님께서 요나에게 박넝쿨 때문에 성내는 것이 옳으냐고 물으시자 자신이 성내는 것이 죽어도 옳다고 말한다.

만일 원래 박넝쿨이 있었다면 요나가 화가 날 수도 있다. 하지만 그 박넝쿨은 요나가 재배한 것도 아니고 원래 그곳에 있지도 않았다. 하나님이 그를 위해 급속히 자라나게 하신 것이다. 그런데 그 박넝쿨이 시들었기로서니 선지자나 되는 사람이 어떻게 그토록 성을 낼 수 있다는 말인가.

그럼 이쯤 해서 하나님 편을 들지 요나 편을 들지 손을 들어보자고 하면 어떨까? 죽을 만큼 자신이 옳다고 하는 요나가 너무 심하다고 생각하지만 우리는 섣불리 하나님 편을 들지도 않는다. 왜냐하면 요나가 잘못했다고 하면 내게도 동일하게 그 원리를 적용해야 하기 때문이다. 그만큼 우리가 하나님 편에 서려고 하지 않는다는 말이다.

은혜를 몰라도 너무 몰라

이스라엘이 받은 은혜는 엄청나다. 여로보암 2세 당시 북이스라엘은 국토를 거의 회복하는 은혜를 입었다. 그것은 북이스라엘 자국(自國)의 강성함이나 왕들의 선정(善政), 백성들의 정결함 때문이 아니라 하나님께서 이스라엘을 도우셨기 때문이다. 하나님께서 요나를 통해 이스라엘을 향한 긍휼과 사랑을 말씀하신 것이다.

이렇듯 요나는 하나님의 은혜를 넉넉히 받은 자다. 말하자면 왕에게 진 일만 달란트 빚을 탕감 받은 종과 같다. 그런 자가 나가서 자기에게 일백 데나리온 빚진 자를 잡아 감옥에 가뒀다. 이를 알게 된 왕도 당장 그 종을 가두어버린다. 왕이 노하여 그를 다시 잡아 감옥에 가두는 이유가 무엇인가? 종 자신이 엄청난 은혜를 받았으면서 그것을 모르는 악한 마음을 가졌기 때문이다.

하나님께서 이스라엘이라는 민족을 택하셨다. 인류 역사상 그 어떤 나라도 이만큼 놀라운 하나님의 이적을 맛보지는 못했다. 이토록 큰 은혜를 입었는데도 은혜를 모르는 이스라엘은 더 강퍅해졌고 그 은혜가 마땅하다고 여겼다.

우리의 모습을 보라. 어떤 사람이 교만하기 쉬운가? 재능 있고 능력 있는 자들이다. 똑똑하고 돈 많은 자들이다. 하지만 그들이 가진 것은 모두 하나님이 주신 것이다. 그런데 하나님으로부터 받은 것으로 하나님을 섬기지 않는다. 말 잘하고 똑똑하면 그것으로 하나님을 편들기보다 하나님을 비판한다. 하나님이 주신 돈을 하나님을 위해 쓰지 않고 많은 돈으로 타락을 일삼는다.

요즘 큰 교회에 헌금이 줄어들고 봉사하는 사람이 없다고 하는데, 그 이유가 골프라는 얘기는 우스갯소리가 아니다. 자신의 골프 실력을 유지하기 위해 한 달에 5백만 원 이상의 돈을 쓰는 사람들이 있다. 자신을 위해 한 달에 그만한 돈을 쓸 수 있다면 얼마나 큰 은혜를 받은 사람인가. 하지만 그래도 이 정도면 됐다고 만족하는 사람은 없다. 돈을 더 주면 해외에 나가서 골프를 친다.

우리는 하나님 앞에 무엇을 달라고 할 근거가 없다. 하나님이 주셔도 그것으로 하나님을 편들거나 하나님께 영광을 올려드리는 방법으로 쓰지 않기 때문이다. 하나님이 능력을 주셔도 '내가 했다'고 생각한다. 단지 사람들이 교만하다고 할까 봐 "하나님이 하셨어!"라고 말할 뿐이다. 그것은 겸손을 떠는 것이지 겸손한 것이 아니다. 우리는 은혜를 받는다고 해도 하나님께 나아가는 존재가 아니다.

편하고 잘되는 것만 좇지 말라

어느 날 하람이가 신학대학교에 가겠다고 내게 추천서를 써달라고 말했다.

"아빠, 수시를 써야 하는데 추천서 좀 써주세요."

"내가 왜 써줘야 하니?"

"아니 아빠, 아빠니까!"

"내가 추천서를 써주어야 하는 근거를 적어서 가져와봐라. 아빠로서는 써줄 수 있어도 당회장으로 볼 때 너는 내가 원하는 경건의 수준에 미치지 못해 써줄 수가 없다."

내가 아는 한 하나님은 죄인 중에 괴수를 목사 삼으신다. 그 길은 말씀과 기도가 아니면 가지 못한다. 그만큼 훈련이 세고 가는 길이

험난하다. 그렇기 때문에 나는 아빠로서 하람이에게 원하는 기준이 있었다.

하람이가 종이에 일곱 가지 근거 목록을 적어서 내게 가지고 왔다. 나는 그것을 보고 이렇게 말했다.

"네가 적은 이 일곱 가지를 두 달간 하루도 빠짐없이 해야만 추천서를 써주겠다. 아빠는 하나님이 너를 만드시는 데 유익하기만 하다면 차라리 바로 군대에 가서 빡세게 훈련받는 것도 좋다고 생각해. 물론 아빠도 마음은 힘들고 괴롭겠지. 하지만 네가 하나님의 사람이 되는 게 더 중요하기 때문이란다."

내 말을 들은 하람이가 매일매일 하루도 빠지지 않고 일곱 가지를 다 지키기 어렵다고 생각했는지 언제나 볼 수 있도록 방 한가운데에 그 종이를 붙여놓았다.

인생을 살면서 배운 것이 있다. 모든 것이 편하고 잘살고 제대로 흘러간다고 해서 우리가 하나님 앞으로 나아가는가? 하나님이 기뻐하시는 사람이 되는가? 그렇지 않다. 인간은 그렇게 안 되더라는 것을 요나가 증명하고 있다.

죄인은 하나님의 편에 서지 않는다

요나가 보여주는 또 하나의 표적도 이것이다. 하나님은 이스라엘 백성에게 은혜를 주시고, 그들을 붙들어서 선지자를 통해 줄기차게 말씀하셨지만 이스라엘은 예수님이 오실 때까지 하나님의 편에 서지 않았다. 이렇게 죄인은 하나님의 편에 서지 않는다. 그것은 예수님만이 가능하셨다. 예수님이 우리를 십자가의 사랑으로 만들어 가시지, 사람으로서는 안 된다는 것이 요나의 표적으로 입증됐다.

예수님은 마태복음 23장에서 외식하는 서기관들과 바리새인들을 향해 그들에게 화(禍)가 있다고 일곱 번이나 말씀하셨다. 그중 일곱 번째 화에 대한 말씀이다.

> 화 있을진저 외식하는 서기관들과 바리새인들이여 너희는 선지자들의 무덤을 만들고 의인들의 비석을 꾸미며 이르되 만일 우리가 조상 때에 있었더라면 우리는 그들이 선지자의 피를 흘리는 데 참여하지 아니하였으리라 하니 그러면 너희가 선지자를 죽인 자의 자손임을 스스로 증명함이로다 너희가 너희 조상의 분량을 채우라 뱀들아 독사의 새끼들아 너희가 어떻게 지옥의 판결을 피하겠느냐
>
> 마 23:29-33

서기관들과 바리새인들이 선지자들의 무덤과 의인들의 비석을 다시 세우며 이렇게 얘기한다는 것이다.

"우리가 만약 그 시대에 있었다면 선지자를 죽이지 않았을 텐데 우리 조상들이 무지해서 선지자를 죽였다."

그들은 선지자를 알아보지 못한 자신의 조상들이 무지하다고 말한다. 선지자들은 하나같이 예수님을 가리켜 말했는데, 정작 그들도 예수님을 알아보지 못했으면서 말이다. 그래서 예수님이 분노하셨다.

"그것이 너희가 죄인임을 증명한다. 너희가 선지자를 죽인 조상들을 갖고 있지 않느냐?"

현재 일본이 그렇다. 그들이 위안부 문제를 가리고 침략을 정당화하려는 것도 일본이 전범(戰犯) 국가가 되고 그들이 전범의 후손이라는 사실을 인정하는 것이 싫기 때문이다. 예수님은 서기관들과 바리새인들도 이와 같다고 말씀하신다.

"너희 조상이 죄인이면 너희도 죄인의 아들들이 아니냐!"

예수님은 그들에게 그들의 뿌리를 보라고 하신다.

그러므로 내가 너희에게 선지자들과 지혜 있는 자들과 서기관들을 보내매 너희가 그중에서 더러는 죽이거나 십자가에 못 박고 그중에서 더러는 너희 회당에서 채찍질하고 이 동네에서 저 동네로 따라다니며 박해하리라 그러므로 의인 아벨의 피로부터 성전과 제단 사이에서 너희가 죽인 바라갸의 아들 사가랴의 피까지 땅 위에서 흘린 의로운 피가 다 너희에게 돌아가리라 내가 진실로 너희에게 이르노니 이것이 다 이 세대에 돌아가리라 마 23:34-36

아담이 타락한 후 그의 아들 가인은 하나님께 의로운 예배를 드린 아벨을 죽인다. 의인 아벨의 피로부터 지금까지 하나님의 편을 든 자는 아무도 없었으며 의인들의 피가 이를 증명한다. 특별히 예수님은 34절에 앞으로 있게 될 일에 대해 분명히 말씀하셨다. 그들이 예수님을 십자가에 못 박는 사건과 그 후 예수님이 보내실 사람들에게도 박해가 있을 것을 말씀하신 것이다. 예수님의 십자가와 부활을 본 그들과 그들의 후손들 역시 하나님의 편을 들지 않는다. 그들이 바로 우리다.

우리는 하나님이 나를 도와주시면 그때 나도 하나님의 편을 들 거라 생각한다. 이것은 마치 부모가 내게 뭔가 해주었기 때문에 효도하겠다는 것과 다를 바가 없다. 아주 교묘한 것이다. 그런데 과연 부잣집에 태어나 유학을 보내주면 효도할까? 그렇지 않다. 효자(孝子)는 그렇게 나오지 않는다. 감사도 그렇게 나오는 것이 아니다. 여기서 틀어져 있기 때문에 우리는 박넝쿨 하나에도 분노하고 있다.

인생의 박넝쿨 문제

우리가 언제 어떤 순간에 분노하는지 보라. 차를 타고 가다가 다른 차가 확 끼어들 때 화내고 욕하지 않는가. 오랜만에 기분 좋게 외출하려고 하는데 가족이 마음 상하게 할 때 화를 낸다. 직장 문제도 물론 중요하다. 하지만 그것도 박넝쿨에 지나지 않는다. 교회에서 상처를 받아 떠난다는 문제도 하나님이 보시기에는 박넝쿨이다. 상처는 받기도 하고 주기도 하는 것이지 일방적인 것은 아니다. 우리는 죄인이므로 이런 일은 우리가 천국에 갈 때까지 무한 반복적으로 일어난다.

하나님께서 요나에게 "네가 이 박넝쿨 때문에 성내는 것이 옳으냐?"라고 물으시자 요나가 하나님께 "성내어 죽기까지 할지라도 옳다"라고 당당하게 말한다. 그러자 요나에게 박넝쿨을 주신 하나님이 그 박넝쿨을 빼앗아 요나에게 가르쳐주고 싶었던 하나님 자신에 대해 설명하신다. 요나가 기껏 박넝쿨 때문에 기뻐하고 박넝쿨 때문에 분노하기 때문이다.

우리는 자기 뜻대로 되지 않을 때 불평과 원망을 쏟아낸다. 아이는 사탕껍질이 잘 벗겨지지 않아도 열이 받는다. 나는 아이만 그러는 줄 알았다. 그런데 어른도 마찬가지다. 나도 콜라 뚜껑이 따지지 않아 열받은 적이 있다. 이렇게 작은 일에도 부들부들 떨며 화를 낸다. 내 마음대로 착착 안 되니까 그것이 속상해서 화를 낸다. 그러나 신앙은 우리 뜻대로 하는 것이 아니다.

내가 옳고 아끼는 것 내려놓기

하나님은 요나에게 이 문제를 가르치고 계신다.

첫째, 요나가 옳다는 것과 하나님이 옳다는 것이 충돌하고 있다.

9 하나님이 요나에게 이르시되 네가 이 박넝쿨로 말미암아 성내는 것이 어찌 옳으냐 하시니 그가 대답하되 내가 성내어 죽기까지 할지라도 옳으니이다 하니라 욘 4:9

둘째, 요나가 아끼는 것과 하나님이 아끼는 것이 충돌하고 있다.

10 여호와께서 이르시되 네가 수고도 아니하였고 재배도 아니하였고 하룻밤에 났다가 하룻밤에 말라버린 이 박넝쿨을 아꼈거든 11 하물며 이 큰 성읍 니느웨에는 좌우를 분변하지 못하는 자가 십이만여 명이요 가축도 많이 있나니 내가 어찌 아끼지 아니하겠느냐 하시니라 욘 4:10,11

우리의 신앙생활이 다 이 문제에 부닥치고 있다. 우리가 옳다는 것과 하나님이 옳다는 것, 우리가 아끼는 것과 하나님이 아끼는 것 사이에 충돌이 일어나면서 모든 갈등과 싸움이 벌어진다. 우리가 옳다고 여기고 우리가 아끼는 것을 내려놓지 못하기 때문이다.

우리는 하나님 앞에 자신을 내려놓고 배우는 신앙의 삶을 살 마음이 없다. 족집게 과외를 해서 자신이 원하는 답이 바로바로 나오기만을 원한다. 그렇지만 하나님은 우리를 붙들어 설득시키고 만들어 가기 원하신다. 요나가 성내어 죽기까지 할지라도 옳다고 고집을 피울 때도 하나님은 끝까지 말씀하신다.

지금까지 하나님께서 요나를 위해 예비하셨던 것이 얼마나 많은가. 하나님은 물에 빠진 요나를 위해 큰 물고기를 예비하셨다. 결코 죽이지 않으신다. 물고기 뱃속을 겪음으로 기도하게 하신다. 매우 싫어하고 성내는 요나에게 박넝쿨을 예비하시고 벌레도 예비하시고 뜨거운 동풍도 예비하셨다.

요나가 하나님의 마음을 알고 돌아올 수 있도록 끊임없이 그 과정을 겪어나가게 하시는 것, 이것이 하나님이 이 땅 가운데 우리를 하나님의 사람으로 만들어 가시는 신앙의 싸움이다.

자비하신 하나님마저 불의하게 보는가

문제는 우리도 요나처럼 하나님의 자비하심 때문에 분노한다는 것이다.

> 1 요나가 매우 싫어하고 성내며 2 여호와께 기도하여 이르되 여호와여 내가 고국에 있을 때에 이러하겠다고 말씀하지 아니하였나이까 그러므로 내가 빨리 다시스로 도망하였사오니 주께서는 은혜로우시며 자비로우시며 노하기를 더디 하시며 인애가 크시사 뜻을 돌이켜 재앙을 내리지 아니하시는 하나님이신 줄을 내가 알았음이니이다 욘 4:1,2

요나 자신은 그 자비를 잊었으면서 하나님께서 다른 사람에게 자비하신 것에 대해 분노하고 있다. 이스라엘 백성들이 이 땅에 오신 예수님을 왜 십자가에 못 박았는가? 그들은 죄인을 구원하기 위해 십자가를 지시는 주님이 아니라 로마를 뒤집어엎을 수 있는 정치적인 힘을 가진 왕을 원했기 때문이다.

예수님은 예루살렘에 입성하실 때 나귀를 타셨다. 이때 나귀는 평화의 상징이다. 전쟁을 하려고 한다면 나귀를 타고 오시겠는가? 예수님은 아직 이스라엘과 인류를 심판할 마음이 없으시다. 십자가를 지고 우리를 구원하셔서 하나님의 은혜와 사랑으로 이끌어오겠다는 것이 그분의 마음이셨다.

사실 이스라엘이 말 탄 왕을 원한 것은 이스라엘로서는 큰 착각이었다. 그래야 로마를 무찌를 수 있을 것 같았겠지만 그렇게 되면 이스라엘도 무사할 수 없기 때문이다. 그 예수님은 이제 만왕의 왕으로 세상을 심판하기 위해 재림(再臨)하신다. 이스라엘을 편들기 위해 오시는 것이 아니라 죄인들을 심판하러 오시는 것이다.

그러나 아직 심판의 때가 아니기 때문에 한 사람이라도 더 구원하고자 하시는 것이 하나님의 마음이다. 하나님의 이 자비롭고 따뜻한 마음이 우리에게 불의해 보이는 것이다. 자신의 옳고 그른 잣대로, 지극히 자기중심적으로 보기 때문이다.

세상에서 가장 미련한 일

한번은 얼마 있으면 선교지로 나간다는 학교 동기를 만났다. 결혼해서 아이를 둘 낳고 셋을 더 입양했는데 선교지로 나가기 전에 후원해줄 것을 개인적으로 부탁하러 찾아온 것이다. 그래서 얼마를 후원해주기 원하는지 물으니 한 구좌 1만 원만 후원해 달라고 했다.

그 말을 듣는 순간 내 마음이 갑갑해졌다. 그 정도의 가족이면 250만 원 이상 정기적으로 후원을 받아야 하는데, 그럼 지금부터 한 구좌씩 부탁하기 위해서는 250명을 만나러 다녀야 한다는 얘기다. 이렇게 순수하니까 선교를 하겠다고 나가는 것이다. 하지만 나는 정말 답답했다.

"세상에서 제일 미련한 게 뭔 줄 알아?"

"뭔데요?"

"선교하는 거야."

나는 정말 선교가 가장 멍청한 일이라고 생각한다. 생각해보라. 선교사 한 명을 파송하려고 신학교에서 10년을 가르친다. 빨라야 10년이다. 목사가 된다. 다시 선교단체에 보내서 훈련을 받게 한 다음 C국으로 파송을 했다고 하자. 선교를 나갔다고 해서 바로 선교를 할 수 있느냐 하면 그렇지 않다. 언어를 배워야 선교를 할 수 있다. 나이가 있으니 언어를 배우는 데 시간이 오래 걸린다.

그래서 5년간 언어를 익히고 그 나라의 문화를 배우고, 그렇게

10년쯤 흘러서 이제는 정말 본격적으로 선교를 하려고 하면 그 나라에서 추방당한다. 이제 그 나라에는 다시 못 들어간다. 그럼 M국으로 가서 다시 언어를 시작한다. 나이가 더 먹어서 언어가 더 늘지 않는다. 그러다가 병이 든다. 선교사 한 사람을 보내기 위해 일가족 비행기 값, 선교사 자녀의 학자금과 재정 후원에 이르기까지 효율로 따지면 비효율도 이런 비효율이 없다. 최소의 투자로 최대의 효과를 내고자 하는 것이 정석인데, 최대의 투자로 최소의 효과를 거두는 것이 바로 선교다.

함께 지어져 가는 우리

그런데 어느 날 나는 이 '전도의 미련한 것'의 의미를 알게 되었다. 하나님은 우리를 효능과 기능으로 대하지 않으신다. 우리를 통해 하나님의 역사를 바꾸고 교회를 세우는 그런 기능으로 사용하지 않으신다. 하나님은 그 선교사를 만드신다. 그가 그 땅에서 오직 그리스도를 사랑해서 한 영혼을 얻을지라도 그 한 사람을 위해서 주님은 그 일을 하신다.

하지만 우리는 기능과 효능과 효과를 본다. 이 정도 파송했으면 이런 교회가 세워져야 하고 내가 주님을 따라가면 이런 일들이 있어야 된다고 보는 것이다. 하지만 그것은 신앙이 아니다. 주님이 원하시는 것은 그것이 아니다.

주님은 한 사람을 위해 모든 것을 다 쏟아부으실 수 있다. 그 선교사 한 사람을 '하나님의 사람'으로 만들기 위해 모든 재정을 쏟아부으실 수 있다. 이 세상에 나 한 사람만 있더라도 나 한 사람을 위해 이 땅에 오셔서 십자가를 지심으로 모든 것을 아낌없이 내어주는 분이 주님이시기 때문이다. 그분은 그렇게 일하시는 분이다.

우리가 기능과 효능에 주목하는 한 우리는 하나님의 자비하심을 이해할 수 없다. 나는 이만큼 기도했고 쟤는 기도하지 않았는데 왜 쟤가 잘되는지, 오직 나의 이익과 만족을 위해 살아가고 거기에만 관심을 갖고 그것이 안 되면 열받고 속상해한다. 우리는 하나님의 자비로우심을 모른다. 각 사람에게 맞게 풍성히 베푸시는 하나님의 자비하심을 모른다.

나는 키가 작고, 머리가 빠지고, 고등학교 때 성적이 하위 2퍼센트에 들었지만 하나님이 그런 나를 만지실 수 있다는 것을 알았다. 교회가 더 이상 크지 않아도 하나님은 나를 충분히 만져가실 수 있다는 것을 알았다. 큰 집을 지으려면 기둥이 많아야 한다. 하나님의 집이 지어져 가는 데는 이런 기둥도 필요하고 저런 기둥도 필요하다. 나도 그런 여러 기둥 중에 하나다. 그 큰 기둥들로 넓은 하나님의 집이 지어진다는 것을 볼 수 있게 되자 모두를 만들어 가시는 하나님의 마음을 깨달았다. 우리도 변화시키고 싶고 이스라엘도 만들어 가시는 하나님, 모든 사람에게 공평하고 자비로우신 넉넉한 하나님의 마음을 본 것이다.

우리를 끝까지 만들어 가시는 하나님

하나님은 오늘 여전히 우리와 싸우신다. 우리는 우리가 옳다는 것을 가지고 "이게 옳습니다!"라고 성을 낸다. 그러나 하나님은 오늘도 그런 우리를 설득시키고 계신다.

"아니야. 요나야, 네가 옳은 것 말고 내가 옳은 것을 봐. 네가 아끼는 것 말고 내가 아끼는 것을 좀 봐."

왜 싸움이 생기는가? 상대의 말을 경청하지 않기 때문이다. 상대방이 무슨 말을 하고 싶은지 알려면 상대의 말을 경청해야 하는데, 우리는 하나님의 말씀을 경청하지 않는다. 부모의 말을 들으려면 일단 부모의 말을 경청하는 것이 우선이다.

우리는 우리에게 은혜가 되고 유익이 되는 것은 경청하면서, 그렇지 않으면 마음을 단단히 닫아버린다. 내 마음대로 되지 않기 때문에, 세상이 내 뜻대로 되어야 한다고 하고 하나님마저 내 뜻대로 움직여주기 바라는 우리의 죄성과 악함 때문이다. 그러나 하나님은 우리를 사랑하신다. 그래서 죽을 때까지 우리를 설득하실 것이다. 우리를 사랑하시기 때문에 계속해서 그렇게 하실 것이다.

하나님이 요나에게 그러셨던 것처럼 하나님은 우리에게도 박넝쿨과 벌레와 뜨거운 동풍을 주실 것이다. 우리도 박넝쿨 때문에 하나님 앞에서 크게 기뻐하다가 박넝쿨 때문에 하나님께 성낼 때도 있을 것이다. 벌레가 와서 박넝쿨을 갉아먹고 뜨거운 동풍 때문에 정신이 혼미해지는 고난도 주실 것이다. 그러면서 하나님은 여유롭게 우리를 기다리신다. 죽을 때까지 만들어 가신다.

오늘날 기독교 신앙은 하나님을 배우고 그분 앞에서 자라나는 싸움에서 실패했다. 외적 성장과 자랑을 앞세워 타락했다. 세상 사람과 믿는 사람의 차이가 전혀 없는 모습도 발견하게 된다. 세상 사람이나 믿는 사람의 목표가 똑같다는 것은 하나님이 없다는 것을 의미한다. 하나님은 우리가 대학에 들어가고, 돈 벌고, 건강하게 잘사는 것보다 우리를 만들어 가고, 우리가 하나님의 사람이 되고, 우리를 거룩한 사람으로 만드는 데 관심이 있으시다.

그래서 주님은 끝까지 우리를 설득하신다. 우리가 옳다고 여기는 고집과 내 뜻대로 되지 않으면 억울해하고 불평하는 그 마인드를 내려놓아야 한다. 이것을 붙잡고 있는 한 우리는 아버지의 마음을 볼 수가 없다.

믿음으로 살아야 할 이유

목회자도 하나님을 의심할 때가 있다. 항상 거룩한 것도 아니고, 죽음에 대해 두려움도 가지고 있다. 사람은 누구나 자신의 삶을 초월하지 못한다. 그래서 믿음으로 살아야 한다. 믿음은 우리가 두려움에 떨거나 넘어지거나 낙망할 때, 내 실력을 의지하는 것이 아니라 나를 만들어 가시는 넉넉하신 하나님을 의지하는 것이다. 예수님밖에 답이 없음을 깨닫고 일어나는 것이다.

주님 나라에 갈 날이 가까워올수록 믿음으로 사는 것이 쉽지 않다. 그러나 그 만만치 않는 삶 속에서 우리는 끝까지 우리를 만드시는 하나님을 믿어야 한다. 나를 사랑하셔서 설득하시고 만들어 가기 원하시는 그 하나님께 나도 관심을 가져야 한다.

우리의 속사람이 얼마나 하나님과 멀리 있는지 돌아보고 하나님 앞에 겸손하라. 악인을 살리시는 것 같고, 나에게는 인색하신 것 같아 하나님 앞에 분노하고 불평하고 마음을 강퍅하게 했던 것을 주님 앞에 내려놓으라. 우리에게는 실력이 없다. 요나를 책망하지 않으시고 끝까지 설득하시는 그 하나님의 사랑에 의지하며 나아가라.

"거룩하신 아버지 하나님, 오늘도 하나님 앞에 왔습니다. 하나님 앞에 고개를 들 수 없는 죄인이라도 부족하다 책망하고 멀리하지 않으시고 여전히 우리를 설득하시며 만들어 가시는 하나님, 하나님만을 바라보며 살겠습니다"라고 고백하는 결단이 있기를 바란다.

요나서 4:9-11

하나님이 요나에게 이르시되 네가 이 박넝쿨로 말미암아 성내는 것이 어찌 옳으냐 하시니 그가 대답하되 내가 성내어 죽기까지 할지라도 옳으니이다 하니라 여호와께서 이르시되 네가 수고도 아니하였고 재배도 아니하였고 하룻밤에 났다가 하룻밤에 말라 버린 이 박넝쿨을 아꼈거든 하물며 이 큰 성읍 니느웨에는 좌우를 분변하지 못하는 자가 십이만여 명이요 가축도 많이 있나니 내가 어찌 아끼지 아니하겠느냐 하시니라

14 chapter
그래도 끝까지 만들어 가시는
하나님의 열심

하나님의 드라마 찾아가기

나는 마커스를 인도하면서 많은 찬양사역자들을 만났다. 찬양사역자들이 공통적으로 어려워하는 것이 있는데, 바로 콘티를 짜는 것이다. 마커스의 찬양사역자도 2주 전부터 전화를 걸어 다음다음 주 본문 말씀이 뭔지 물어본다. 먼저 말씀을 묵상하고 콘티를 짜기 위해서다. 나는 속으로 이런 생각을 했다.

'성경 본문을 연구해서 짜는 것도 아닌데, 그게 뭐가 어려워서?'

그런데 마커스 지도목사로서 이제는 나도 콘티가 중요하다는 것을 깨닫기 시작했다. 왜냐하면 곡 순서가 어떻게 흘러가느냐에 따라 똑같은 가사로 찬양해도 감동이 다르고, 같은 곡이라도 어디에 배치하느냐에 따라 우리의 고백이 달라지는 것을 알았기 때문이다.

그 속에서 흘러가는 하나님의 마음이 전달되기 때문이다.

그런데 이것은 콘티뿐만이 아니라 성경도 마찬가지다. 연대기 성경은 시대적인 배경에 따라 순서대로 배열되어 있는 성경으로 많은 사람들이 즐겨 보는 성경이다. 그러나 연대기가 중심이 되면 성경의 본질을 놓칠 수 있다. 왜냐하면 성경은 연대기를 기록한 것이 아니라 하나님의 마음과 구원의 역사와 그 중심에 따라 각각의 성경을 배치해두었기 때문이다.

성경의 중심은 '예수 그리스도'이시다. 따라서 예수 그리스도를 드러내기 위해 구약이 그에 맞게 배치되어 있는 것이다. 룻기도 시대적으로 보면 사사 시대 초기인데, 사사기와 사무엘서 사이에 들어 있다. 이스라엘의 역사상 사사기에서 사무엘상으로 이어지는 데는 아무런 문제가 없다. 드라마로 치자면 시간사로 흘러가다가 현재와 얽혀 있는 과거의 어떤 사건 하나가 들어오며 이어지는 것이다.

우리는 하나님이 우리를 위해 쓰신 하나님의 스토리, 기록된 성경의 순서를 따라 성경을 관통하는 법을 먼저 배워야 한다. 성경이 연대기 순서가 아닌 다른 방향에서 기록되었다면 그렇게 기록된 의도가 있음을 간파하고 그 이유를 찾기 시작해야 한다.

구약성경이 창세기부터 말라기서까지 예수님을 설명하는 데는 그만한 이유가 있다. 특별히 이사야서부터 말라기서까지 선지서는 앞으로 오실 메시아, 즉 예수 그리스도에 대해 이야기한다. 모든 선지서는 예수 그리스도를 바라보게 한다는 공통점을 가지고 있다.

첫 번째 선지서인 이사야서는 메시아가 오시는데 그분은 왕으로 오시는 것이 아니라 고난의 종으로 오신다고 외친다.

마지막 선지서인 말라기서는 이렇게 끝을 맺고 있다.

너희는 내가 호렙에서 온 이스라엘을 위하여 내 종 모세에게 명령한 법 곧 율례와 법도를 기억하라 보라 여호와의 크고 두려운 날이 이르기 전에 내가 선지자 엘리야를 너희에게 보내리니 그가 아버지의 마음을 자녀에게로 돌이키게 하고 자녀들의 마음을 그들의 아버지에게로 돌이키게 하리라 돌이키지 아니하면 두렵건대 내가 와서 저주로 그 땅을 칠까 하노라 하시니라 말 4:4-6

마지막 심판의 날이 올 것인데, 모세를 통해 계명을 주신 그때로 돌아가 그것을 기억하라고 하신다. 여호와의 크고 두려운 날이 이르기 전에 엘리야와 같은 이, 곧 세례 요한이 온 다음에 예수 그리스도가 오실 것을 예언하고 있다.

막장 드라마의 열린 결말

이렇게 이사야서부터 말라기서까지 많은 선지서가 있는데 어린아이부터 어른까지 모두 알고 이해할 수 있는 이야기, 총 4장으로 분량도 짧아 성경 전체를 통틀어 처음부터 끝까지 그 내용을 다 알고 기억할 수 있는 성경이 바로 요나서다.

　어렵고 익숙하지 않은 다른 선지서에 비해 이야기체로 되어 있어서 선지서 그 자체로 강조되어 있는 셈이다. 마치 TV 드라마를 볼 때 어느 시점에선가 장면이 흑백 화면으로 바뀌어서 드라마가 그 부분을 특별히 강조하는 효과와 같다.

　그런데 우리는 요나서를 별로 깊게 생각하지 않는다. 누구나 쉽게 읽을 수 있는 짧은 스토리, 이야기체로 되어 있어서 자칫 가볍게 여길 수도 있다. 그러나 역설적으로 이것은 하나님께서 이 요나의 이야기만큼은 누구나 다 알고 있기를 바라신다는 뜻이 되기도 한다.

　더욱이 요나서는 우리의 상상력이 더해지면 더 재미있게 볼 수 있는 드라마 같고 영화와 같은 성경이다. 가장 재미있는 드라마는 막장 드라마다. 막장 드라마 같은 우리의 인생을 대변해주기 때문이다. 이 막장 드라마에는 눈이 번쩍 뜨이는 반전이 있다. 요나서도 바로 그렇게 시작한다.

　요나는 하나님의 말씀을 받은 진짜 선지자다. 그런데 그런 진짜 선지자가 그분의 반대편에 서는 것으로 이야기는 시작한다. 처음부터 우리를 당황스럽게 하는 반전 드라마로 시작되는 것이다. 얼마나 막장인가 하면 하나님의 선지자가 하나님과 원수 될 각오까지 하고 죽겠다고 고집을 피울 정도로 막장이다.

　그런데 지금까지 살펴본 막장 요나서가 열린 결말로 끝이 난다.

⁹ 하나님이 요나에게 이르시되 네가 이 박넝쿨로 말미암아 성내는 것이 어찌 옳으냐 하시니 그가 대답하되 내가 성내어 죽기까지 할지라도 옳으이다 하니라 ¹⁰ 여호와께서 이르시되 네가 수고도 아니하였고 재배도 아니하였고 하룻밤에 났다가 하룻밤에 말라버린 이 박넝쿨을 아꼈거든 ¹¹ 하물며 이 큰 성읍 니느웨에는 좌우를 분변하지 못하는 자가 십이만여 명이요 가축도 많이 있나니 내가 어찌 아끼지 아니하겠느냐 하시니라 욘 4:9-11

드라마나 영화도 결말 없이 끝나면 헷갈린다. 하나님은 끝까지 자신이 옳고 이스라엘이 옳다고 항변하는 요나에게 마치 드라마 2탄을 준비해놓으신 것 같은 질문을 던지며 요나서를 끝내신다.

"내가 아끼는 것, 내가 옳다고 하는 것을 생각해봤니?"

더 무슨 증거? 어떤 표적?

왜 선지서를 이렇게 끝냈을까? 선지서는 모두 예수 그리스도를 가리킨다.

무리가 모였을 때에 예수께서 말씀하시되 이 세대는 악한 세대라 표적을 구하되 요나의 표적밖에는 보일 표적이 없나니 요나가 니느웨 사람들에게 표적이 됨과 같이 인자도 이 세대에 그리하리라 심판 때에 남방 여왕이 일어나 이 세대 사람을 정죄하리니 이는 그가 솔로몬의 지혜로운 말을 들으려고 땅끝에서 왔음이거니와 솔로몬보다 더 큰 이가 여기 있으며 심판 때에 니느웨 사람들이 일어나 이 세대 사람을 정죄하리니 이는 그들이 요나의 전도를 듣고 회개하였음이거니와 요나보다 더 큰 이가 여기 있느니라 눅 11:29-32

예수님이 이 말씀을 하신 배경이 무엇인가? 바로 벙어리 귀신 들린 자를 고치시는 사건에서 드러나 있다.

예수께서 한 말 못하게 하는 귀신을 쫓아내시니 귀신이 나가매 말 못하는 사람이 말하는지라 무리들이 놀랍게 여겼으나 그중에 더러는 말하기를 그가 귀신의 왕 바알세불을 힘입어 귀신을 쫓아낸다 하고 또 더러는 예수를 시험하여 하늘로부터 오는 표적을 구하니 예수께서 그들의 생각을 아시고 이르시되 스스로 분쟁하는 나라마다 황폐하여지며 스스로 분쟁하는 집은 무너지느니라 눅 11:14-17

또 예수께서는 바로 이 사건 전에 "너희가 악할지라도 좋은 것을 자식에게 줄 줄 알거든 하물며 너희 하늘 아버지께서 구하는 자에게 성령을 주시지 않겠느냐 하시니라"(눅 11:13)라고 말씀하셨다. 그리고 벙어리 귀신을 쫓아내셨다.

이렇듯 성령이 임하면 귀신은 물러가게 되어 있다. 예수님을 믿는 자가 접신(接神)될 수 있는가? 없다. 그 안에 성령이 거하시는데 거기에 귀신이 들어올 수는 없다. 우리 안에 계시는 성령이 가장 강한 영(靈)이시기 때문이다. 성령이 임했다는 것은 악하고 더러운 것이 물러갔다는 뜻이다.

이렇게 '성령'을 말씀하시고 벙어리 귀신을 쫓아내신 예수님을 목격하고도 사람들은 악하게 말한다.

"저것 봐! 귀신의 왕 바알세불의 힘을 빌려 귀신을 쫓아냈어!"

더 나아가 서기관과 바리새인 중 몇 사람은 예수께 하늘로부터 오는 표적을 보여달라고 요청했다. 이것은 예수님이 메시아인 것을 증명해 보이라는 말이다.

요나 이래로 약 800년이라는 시간이 흘렀다. 하지만 이스라엘은 여전히 요나처럼 억지를 쓰며 막장 드라마를 쓰고 있는 것이다. 자기가 옳은 것, 자기가 아끼는 것, 자기 고집으로 죽기까지 옳다고 한 요나와 같은 대답을 하고 있다.

이제는 우리가 답할 차례

그러자 예수님은 요나의 표적밖에는 보일 표적이 없다는 말씀으로 유대인들에게 다시 한번 말씀하신다.

무리가 모였을 때에 예수께서 말씀하시되 이 세대는 악한 세대라 표적을 구하되 요나의 표적밖에는 보일 표적이 없나니 요나가 니느웨 사람들에게 표적이 됨과 같이 인자도 이 세대에 그러하리라
눅 11:29,30

"메시아가 올 것이다. 그러나 그분은 정치적 왕이 아닌 구원자로 오실 것이다. 그분이 오실 때 너희는 정확히 답해야 한다. 하나님이 요나서를 통해 던지신 질문에 정확히 답하라. '너희가 아끼는 것과 주님이 아끼시는 것, 너희가 옳은 것과 주님이 옳다고 하시는 것 사이에 너희는 어떤 것을 결정하겠느냐?'"

예수님이 "내가 보일 표적은 요나의 표적밖에 없다"고 하신 말씀은 요나의 표적이 곧 이들에게 보인 표적이라는 것이다. 그러나 그들은 여전히 자신이 아끼고 옳다는 것만을 주장하고 있다.

더욱이 이 드라마는 여기서도 끝나지 않는다.

2 여호와께 기도하여 이르되 여호와여 내가 고국에 있을 때에 이러하겠다고 말씀하지 아니하였나이까 그러므로 내가 빨리 다시스로 도망하였사오니 주께서는 은혜로우시며 자비로우시며 노하기를 더디 하시며 인애가 크시사 뜻을 돌이켜 재앙을 내리지 아니하시는 하나님이신 줄을 내가 알았음이니이다 3 여호와여 원하건대 이제 내 생명을 거두어 가소서 사는 것보다 죽는 것이 내게 나음이니이다 하니 욘 4:2,3

하나님의 성품을 알았던 요나는 하나님께서 니느웨를 심판하고 멸망시키고자 하시면 자신을 보낼 하등의 이유가 없다는 것을 처음부터 알았다. 어떻게 해서든 한 영혼이라도 돌이켜 하나님 앞에 바로 살기 원하시는 것이 아버지의 마음이라는 것을 그는 알았다.

그러나 요나는 분노했다. 그 하나님의 사랑이 자신만이 아니라 이방인들에게도 흘러간다는 것이 너무 싫었기 때문이다. 더 나아가 이방 적국 니느웨의 회복이 이스라엘에 위협을 가져온다는 자기 생각에 묶여 있었기 때문이다.

유대인들이 왜 예수님을 배척했을까? 그들의 선민의식 때문이다. 메시아가 왔으면 당연히 이스라엘을 구원해야 한다고 여겼기 때문에 자기 나라와 민족만을 위한 메시아가 아닌 온 인류를 위해 오신 예수님을 인정하지 않고 배척한 것이다.

요나서는 예수님 당시 예수님이 말씀하신 것만으로 끝나지 않고 지금도 여전히 말하고 있다. 이제는 우리에게 말한다. 예수님의 십자가 사랑과 구원의 은혜를 받은 우리는 자신이 아끼는 것과 자신이 옳은 것이 아니라 하나님이 아끼시는 것과 하나님이 옳다고 하시는 것을 선택할 것인지 질문한다. 니느웨 사람들이 심판하는 것은 요나나 예수님 당시의 유대인만이 아니다. 여전히 그들은 증인이다. 그들은 지금도 우리를 보고 있다. 참고 기다리시는 하나님, 자비롭고 은혜로우신 하나님을 증거한다. 이 드라마는 아직 끝나지 않았다. 지금도 쓰고 있는 중이다. 예수님이 다시 오실 때까지 계속

된다. 이제 우리가 대답해야 할 차례다.

세상이 감당하지 못하는 그리스도인

우리는 너무나 자기중심적이다. 하나님이 기도 응답을 주시면 행복해한다. 인생이 잘 풀리면 "우리 하나님은 살아 계셔!"라고 말한다. 하지만 내 인생이 더디 가고 안 풀리는데, 믿지 않고 기도하지 않는 다른 사람은 아무 문제가 없고 잘 살게 하면 화를 낸다. 끝까지 그가 돌아올 수 있는 기회를 주기 원하시는 아버지의 마음인데 우리는 그것 때문에 화를 낸다.

은혜롭고 자비롭고 노하기를 더디 하며 인애가 크신 하나님의 마음, 그 마음 때문에 요나를 부르셨고 이스라엘을 부르셨고 그리스도인인 우리를 부르셨는데, 우리가 그 하나님 아버지의 마음을 다 모르는 것이다.

하나님은 하나님 편에 서라고 우리를 부르셨다. 하나님이 아끼시고 하나님이 옳은 것을 편들라고 우리를 부르셨다. 요나처럼 자신이 아끼고 옳다는 것에 끌려다니느라 상처받고 화나고 거기에 얽매여 살지 말라고 하신다. 십자가의 사랑과 은혜를 받은 자로 아버지의 마음이 무엇인지 깨달아 하나님의 편에 서라고 하신다.

하나님은 선지자 요나가 하나님 반대편에 서고, 그리스도인이 예수님 반대편에 서는 것을 안타까워하신다. 오늘날 교회가 타락했다고 말한다. 누가 교회를 타락시켰는가? 세상이 교회를 타락시킨 것이 아니다. 세상은 원래 죄 가운데 있다. 바로 우리가 타락한 것이다.

요나는 앗수르가 강대해지면 이스라엘이 망한다고 착각했다. 그러나 그것은 명백히 착각이다. 이스라엘이 멸망한 것은 하나님의 율법과 계명을 어겼기 때문이다. 이방 나라나 세상은 그저 도구에 불과하다. 우리가 하나님의 말씀을 지키면 세상은 우리를 감당하지 못한다. 그러나 우리가 말씀을 어기면 우리가 세상에 끌려가게 되어 있다. 우리가 정결하지 못해 세상의 영향을 받게 된 것이지 우리가 거룩하고 온전해지면 세상이 우리 안에 들어올 틈 같은 것은 없다.

그런데 우리는 매일 세상을 탓하고 있다. 주님은 지금 '우리'에게 물으신다.

"하나님이 아끼는 것과 네가 아끼는 것, 하나님이 옳은 것과 네가 옳다는 것 중 너는 너의 삶 가운데 무엇으로 답할래?"

유대인들은 요나처럼 여전히 자신이 옳다고 주장함으로 예수님을 십자가에 못 박았다. 그러면 우리는 지금 예수님을 어떻게 대하고 있는가? 자신이 옳다고 여기는 것으로 상대를 죽이고 있지는 않은가? 우리는 모두 죄인이다. 흔히 내 상식으로는 도저히 저 사람을 이해할 수 없는 어떤 사람이 있다고 하자. 그러나 나의 상식, 나의 이해가 중요한 것이 아니라는 것을 알아야 한다. 하나님께서 그가 회개하고 돌아오기를 기다리신다는 것이 중요하지 다른 것은 중요하지 않다.

지금 내가 가졌다는 상식이라는 잣대 역시 내가 잘나서가 아니라 주님을 만나 그만큼 자라났기 때문에 갖게 되었다는 것을 잊어서는 안 된다.

주님 아니면 안 됩니다!

나도 청년 시절에 담배를 많이 피웠다. 하지만 교회 반경 2킬로미터 내에서는 담배를 피우지 않는다. 어른 앞에서는 담배를 피워서는 안 된다고 배웠고, 하나님이 계신 교회에 올 때는 담배를 가져오지 않았기 때문이다.

그런데 어느 날 교회 근처에서 담배를 피우며 지나가는 청년을 목격하게 되었다. 게다가 교회학교 교사였다.

"뭐야, 아이들이 보면 어쩌려고? 왜 교회 앞에서 담배를 피우지?"

나는 그 모습이 내 상식으로 도저히 이해가 안 됐다. 그렇지만 하나님 앞에서 우리의 죄가 이 정도밖에 차이가 나지 않는다는 것을 알아야 한다. 실제로 똑같이 담배를 피우는데 나는 교회 앞에서는 담배를 피우지 않고, 그 청년은 교회 앞에서 담배를 피운다고 하는 것이다. 담배를 어디서 피우느냐, 내 상식에 맞느냐 안 맞느냐는 싸움을 하고 있는 것이다.

하나님은 내게 이렇게 말씀하셨다.

"내가 그를 만든다. 내가 한다. 그의 문제를 봤다면 너는 사랑으로 기다려라. 나는 그를 판단하고 정죄할 권한을 너에게 주지 않았다. 내가 기다리겠다."

오직 하나님께만 심판권과 정죄권이 있다. 하나님은 이스라엘에게도 동일하게 말씀하신다.

그런데 그리스도인들이 도무지 이런 하나님의 편에 서지 않는다는 것이 우리의 현실이다. 자기가 너무너무 아끼는 것, 자기가 죽어도 옳다는 것에 끌려간다. 그래서 타락한다. 하나님 편에 서지 않으면서 박넝쿨 하나 때문에 하나님 앞에 죽기 살기로 덤빈다.

이제 우리도 삶으로 대답해야 한다. 우리는 변명할 수 없다. 우리도 요나서를 살아가고 있기 때문이다. 지금 내가 아끼는 것도 마지막 날 주님 앞에 서면 박넝쿨 하나만도 못할는지 모른다. 이것이 아니면 안 된다는 박넝쿨이 실제로 아무것도 아니라는 것을 보게 될 것이다. 주님 앞에 답하라. 답은 하나밖에 없다.

"주님 아니면 안 됩니다."

주님이 아끼시고 주님이 옳다 하시는 것을 끝까지 편드는 삶을 살아서 주님께 "잘하였도다. 착하고 충성된 종아" 하고 칭찬받는 인생이 되기 바란다. 주님 반대편에 서서 주님과 싸우고 고집 부리다가 가는 인생이 아니라 주님 앞에서 주님이 원하시는 대답을 할 수 있는 인생, 주님이 마음껏 쓰실 수 있는 인생이 되기 바란다. 값없는 십자가의 사랑과 은혜를 넉넉히 받은 것을 삶으로 대답하라.

부끄럽다…

요나서를 마무리하며 든 생각은 "부끄럽다"는 것이다. 하나님 앞에서 부끄럽고, 지금까지 사역한 삶을 돌아보며 부끄럽고, 성도들 앞에서도 부끄러웠다. 부끄러움을 알게 하신 하나님께 감사한다. 부끄러움 모르는 '당당함', '무지함'으로 하나님 앞에 설까 봐 두렵다.

요나서는 오직 앞만 보며 정신없이 달려온 내게 지금까지의 사역을 다시금 점검하도록 해준 책이다. 사역을 하다보면 종종 누구를 위한 사역인지 모를 때가 있다. 우리는 하나님을 위한다면서 얼마나 자신의 야망을 위해 사는지 모른다. 하나님의 사역에 가장 방해가 되는 것은 세상이 아니라 하나님의 영광을 위해 일한다는 고집 센 요나들이다.

요나서를 묵상하며 진정으로 문제가 되는 것은 세상도 교회도 성도도 아닌 하나님의 통로가 되어야 하는 나 자신이라는 것을 고백하게 되었다. 지금의 한국 교회는 몸살을 앓고 있는 것 같다. 하나님의 영광과 뜻을 말하기 전에 자신을 돌아볼 때가 되었다. 하나님과 교회의 가장 큰 방해물이 자신이 아닌지 점검해보아야 한다. 우리가 자신의 고집만 내려놓는다면 하나님과 교회는 영광과 평안

에필로그

을 얻을 수 있다.

둘로스선교회와 마커스 커뮤니티가 연합하면서 배운 것이 있다. 연합은 상대를 통해서 이익을 얻는 것이 아니라 희생하는 것이다. 자기 십자가란 하나님과 교회를 위해 자신의 평안과 고집을 내려놓는 것이다.

그럼에도 소망이 있는 것은 고집스런 요나들을 끝까지 설득하시고 만들어 가시는 하나님의 열심이 이 시대에도 여전히 있기 때문이다. 이 시대의 성도들이 하나님의 설득에 귀를 기울였으면 좋겠다.

요나서는 아직 끝나지 않았다. 하나님께서는 여전히 이 시대의 요나들에게 물으신다. "하나님이 아끼는 것과 네가 아끼는 것, 하나님이 옳은 것과 네가 옳은 것" 중에 선택하라고 하신다. 입술의 고백을 넘어서서 삶으로 답하는 순종의 사람들이 많이 일어나기를 소망해본다.

내가 널 쓰고 싶다

초판 1쇄 발행	2013년 12월 2일
초판 12쇄 발행	2025년 7월 15일
지은이	김남국
펴낸이	여진구
책임편집	안수경
편집	이영주 박소영 최현수 구주은 김도연 김아진
책임디자인	마영애 ǀ 노지현 조은혜 정은혜 남은진
홍보 · 외서	진효지
마케팅	김상순 강성민
마케팅지원	최영배 정나영
제작	조영석 허병용
경영지원	김혜경 김경희

303비전성경암송학교 유니게 과정
이슬비전도학교 / 303비전성경암송학교 / 303비전꿈나무장학회

펴낸곳   규장

주소 06770 서울시 서초구 매헌로 16길 20(양재2동) 규장선교센터
전화 02)578-0003   팩스 02)578-7332
이메일 kyujang0691@gmail.com   홈페이지 www.kyujang.com
페이스북 facebook.com/kyujangbook   인스타그램 instagram.com/kyujang_com
카카오스토리 story.kakao.com/kyujangbook
등록일 1978.8.14. 제1-22

ⓒ 저자와의 협약 아래 인지는 생략되었습니다.
이 출판물은 저작권법에 의해 보호를 받는 저작물이므로 무단 전재와 무단 복제를 할 수 없습니다.

책값 뒤표지에 있습니다.
ISBN 978-89-6097-328-2 03230

규 ǀ 장 ǀ 수 ǀ 칙

1. 기도로 기획하고 기도로 제작한다.
2. 오직 그리스도의 성품을 사모하는 독자가 원하고 필요로 하는 책만을 출판한다.
3. 한 활자 한 문장에 온 정성을 쏟는다.
4. 성실과 정확을 생명으로 삼고 일한다.
5. 긍정적이며 적극적인 신앙과 신행일치에의 안내자의 사명을 다한다.
6. 충고와 조언을 항상 감사로 경청한다.
7. 지상목표는 문서선교에 있다.

하나님을 사랑하는 자 곧 그의 뜻대로 부르심을 입은 자들에게는 모든 것이 合力하여 善을 이루느니라(롬 8:28)

규장은 문서를 통해 복음전파와 신앙교육에 주력하는 국제적 출판사들의 협의체인 복음주의출판협회(E.C.P.A:Evangelical Christian Publishers Association)의 출판정신에 동참하는 회원(Associate Member)입니다.